Laura Ruiz Enciso
Jesús Vicente Ruiz Omeñaca

LINSAY Y EL BOSQUE DE BAMBÚ

Un cuento motor para jugar, cooperar, convivir y crear en educación infantil y el primer ciclo de primaria.

Título: LINSAY Y EL BOSQUE DE BAMBÚ. Un cuento motor para jugar, cooperar, convivir y crear en educación infantil y el primer ciclo de Primaria.

Autores: LAURA RUIZ ENCISO y JESÚS VICENTE RUIZ OMEÑACA

Ilustraciones: ELDHA GONZÁLEZ PÉREZ

Editorial: WANCEULEN EDITORIAL DEPORTIVA, S.L.
                www.wanceulen.com

ISBN: 978-84-9993-111-1

Dep. Legal: SE 1373-2013
©Copyright: WANCEULEN EDITORIAL DEPORTIVA, S.L.
Primera Edición: Año 2013
Impreso en España: Publidisa

Reservados todos los derechos. Queda prohibido reproducir, almacenar en sistemas de recuperación de la información y transmitir parte alguna de esta publicación, cualquiera que sea el medio empleado (electrónico, mecánico, fotocopia, impresión, grabación, etc), sin el permiso de los titulares de los derechos de propiedad intelectual. Cualquier forma de reproducción, distribución, comunicación pública o transformación de esta obra solo puede ser realizada con la autorización de sus titulares, salvo excepción prevista por la ley. Diríjase a CEDRO (Centro Español de Derechos Reprográficos, www.cedro.org) si necesita fotocopiar o escanear algún fragmento de esta obra.

Agradecimiento:

Queremos mostrar nuestro agradecimiento a Mónica Álvaro Garzón, que ha leído este libro y lo ha enriquecido con sus comentarios.

ÍNDICE

Historia de un cuento motor para jugar, cooperar, convivir y crear 9

Linsay y el bosque de bambú 11

CUADERNO DIDÁCTICO 39

    1. Presentación 41
    2. Objetivos 47
    3. Contenidos 51
    4. Contribución al desarrollo de las competencias básicas 55
    5. Propuestas para jugar, cooperar, convivir y crear desde el cuento motor 61
    6. Evaluar para mejorar 105
    7. A modo de conclusión 113

REFERENCIAS BIBLIOGRÁFICAS 115

HISTORIA DE UN CUENTO MOTOR PARA JUGAR, COOPERAR, CONVIVIR Y CREAR

Una tarde de invierno, cuando Laura estaba a punto de cumplir seis años, decidió que iba a escribir un cuento. Un cuento de pacíficos osos y pérfidos raptores.

Su padre, Jesús Vicente, se sentó, junto a ella, frente al ordenador y comenzó a anotar lo que Laura contaba.

En un par de tardes más, Laura había dado fin a un relato que comenzaba con dos panda amigos y libres y terminaba, de nuevo, con los panda viviendo en libertad y sintiendo la alegría que les producía su amistad, al tiempo que los malvados raptores, cambiaban su forma de actuar ante los animales.

Una mañana del verano siguiente, el padre de Laura, que es maestro de educación física, se despertó pensando que el cuento que meses antes había creado su hija podía convertirse en un cuento para jugar con sus alumnos y alumnas. Se lo propuso a ella. Y Laura aceptó, no sin antes plantear que ella también era autora de ese cuento. Y, por supuesto, lo era. Es más, hasta ese momento era la única autora.

Durante un par de semanas, después de que Laura hiciera su tarea –demasiados deberes para ser verano, según decía- padre e hija se sentaban a pensar y recrear el cuento. Laura tenía unas ideas estupendas. Jesús Vicente trataba de buscar el modo de convertirlas en caminos para el juego. A veces había acuerdos rápidos, otras tocaba negociar... Y el cuento, ahora ya convertido en un relato para jugar, cooperar, convivir y crear, fue tomando forma y, poco a poco, llegando a su fin.

Unos días más tarde, ambos viajaron hasta el pueblo en el que vive Eldha, para hablar con ella. Tenían una propuesta que hacerle: se trataba de que Eldha, que es maestra de educación infantil, ilustrara el cuento y le diera vida con sus dibujos. Ella aceptó con entusiasmo.

Durante el verano siguiente Eldha terminó las ilustraciones y Jesús Vicente confeccionó el cuaderno didáctico para ofrecer alternativas en el uso educativo del cuento.

Entre los tres habían construido una experiencia para compartir.

Al terminar este proyecto, Laura tiene nueve años... De la edad de Jesús Vicente y de Eldha mejor no hablamos, que tampoco tiene tanta importancia.

Los tres desean que este libro abra las puertas a un mundo de imaginación, creatividad, juego, convivencia y alegría.

LINSAY Y EL BOSQUE DE BAMBÚ

Vivía, en un recóndito lugar de China, un oso panda llamado Linsay. Bueno, en realidad habitaban ese lugar muchos más panda, pero ahora empezamos por Linsay y si tenéis paciencia, a los demás los iremos presentando poco a poco.

Disfrutaba Linsay de un bosque de bambú con su hermana y otros osos, con los que formaban una gran comunidad.

Eran éstos unos panda muy, muy especiales, pues sabiendo que ya quedaban pocos de ellos sobre las tierras del bambú -dado que durante años y años las personas que vivían cerca habían acabado con buena parte de los bosques que les servían de hogar- cuidaban desde pequeños los unos de los otros y se preocupaban por sentirse felices y por hacer que los demás también lo fueran. Eran tan, tan felices, que en lugar de vivir quince o dieciséis años, como los panda de otras tierras, vivían setenta años, e incluso más. Y casi todos los pasaban sonriendo.

Linsay tenía un amigo. Se llamaba Yuga.

Los dos jugaban todos los días, a todas las horas. Incluso cuando era momento de recoger bambú, o ayudar en casa, ellos jugaban... En ese momento, jugaban a recolectar bambú y a ayudar en casa, ¡claro!

1. TIEMPO PARA JUGAR

Jugamos a juegos de osos. Podemos jugar a los osos que exploran el bosque y la montaña, a los osos que huyen del oso dormilón, a los osos que recogen y transportan bambú

Una mañana, cuando iban a la escuela, Linsay se enfadó con Yuga porque ambos querían llegar los primeros a la fila de los osos siete años. Lu Shui, la hermana de Linsay, se puso muy triste y empezó a llorar, al tiempo que se le cayó al suelo el sombrero que siempre le gustaba llevar.

En el recreo no jugaron juntos. Y al salir de la escuela Linsay se fue a casa muy enfadado.

-¡No pienso jugar más con Yuga! ¡No voy a jugar con él en los próximos sesenta y dos años! ¡O más!...

En realidad Linsay no sabía muy bien si sesenta y dos eran muchos o pocos años. Pero cuando le preguntó a la abuela osa y ésta le dijo que esa era justamente la edad que ella tenía, pensó que a lo mejor jugaba con Yuga un poco antes.

Aquella fue la tarde más aburrida y más triste de toda su vida.

Mañana me disculparé y le daré un gran abrazo - pensó Linsay, bajo la luz de la luna, al irse a acostar.

Y entonces dejó de estar aburrido, triste y preocupado y se quedó dormido.

2. TIEMPO PARA PENSAR Y DIALOGAR

¿A veces nos enfadamos con los amigos? ¿Cómo nos sentimos? ¿Por qué? ¿Y cómo se sentirán ellos? ¿Por qué? ¿Qué podemos hacer cuando estamos enfadados? ¿Y qué no está bien que hagamos?

Al día siguiente Yuga se despertó dentro de la jaula de un camión, como esos que transportan las fieras del circo.

El camión era conducido por un individuo con bigote, acompañado por otro sin bigote. Habían capturado a Yuga y se lo llevaban del bosque, quién sabe con qué intenciones.

3. TIEMPO PARA PENSAR Y DIALOGAR

¿Está bien capturar animales que viven en libertad? ¿Por qué?

¿Qué podemos hacer si vemos a alguien haciendo algo así?

Como cada día, Linsay y su hermana Lu Shui llegaron al cruce de caminos donde se juntaban con su amigo Yuga.

Pero Yuga no estaba.

- Seguro que sigue enfadado –pensó el pequeño Linsay.

Esperaron unos minutos y, viendo que se hacía tarde, comenzaron a andar hacia el colegio.

- ¡Yuga!, ¡Es Yuga!- gritó Lu Shui, cuando, unos pasos más adelante, tuvieron que apartarse para dejar pasar a un ruidoso camión que avanzaba a toda velocidad por el camino.

Yuga los miró con los ojos muy tristes, mientras extendía sus brazos entre los barrotes de la jaula, como si quisiera abrazarlos.

Y ambos empezaron a correr detrás del camión al tiempo que gritaban:

- ¡Yuga!

Pero el camión era más rápido que ellos y, además, no se cansaba.

En el recodo del camino, cuando empieza a bajar, haciendo curvas, por la ladera, Linsay y Lu Shui se pararon. No podían correr ni un paso más. ¡Estaban agotados!

Al lado estaba la escuela, así que fueron allá y contaron a los demás osos lo que había ocurrido.

- Haremos camiones rapidísimos, los más rápidos del bosque y los alcanzaremos – Dijo Liu, una osita muy pequeña que tenía unas ideas estupendas.

Y, manos a la obra, se juntaron en grupos y comenzaron a hacer camiones. Se sirvieron de todo lo que tenían a su alrededor. Después de trabajar un buen rato, había camiones grandes, camiones pequeños, camiones rápidos, camiones lentos, los había rojos, verdes azules, e incluso de varios colores...

4. TIEMPO PARA CREAR Y JUGAR

Creamos nuestros camiones. Camiones en los que podamos desplazarnos todos los miembros de cada grupo... Y los probamos, buscando formas de desplazarnos y de jugar con ellos.

Una vez construidos, tomaron los camiones más rápidos y uno que, aunque no se movía muy deprisa, era de color verde. Éste último lo utilizaron porque el verde era el color favorito de Yuga y Linsay pensó que le haría ilusión. Subieron a ellos y comenzaron a descender por el camino.

Poco más allá se encontraron con Saholi, la guarda del bosque.

- Pero ¿dónde vais?, ¡qué calamidad de ositos! ¿No deberíais estar en el colegio? –señaló Saholi, con una voz dulce, pero firme.

Linsay le contó lo ocurrido.

Saholi, entonces, les dijo:

- ¡Oh! Ahora ya os entiendo. Ya decía yo que algo tenía que pasar... Pero no podéis ir por ahí conduciendo camiones... A ver, ¿quién de vosotros tiene carné para conducir camiones? ¿Eh?... Pues eso, que sin carné no podéis conducir... ¡Menudo peligro!

-Y ¿qué hacemos? – comentó Lu Shui, la hermana de Linday, muy preocupada.

- Iremos corriendo – repuso Liu, la osita pequeña con ideas estupendas.

- Pero, nunca alcanzaremos, así, al camión – Señaló Lu Shui.

- Sí que lo haremos, el camión va por el camino. Y mira: el camino tiene muchas curvas. Va hasta allá, vuelve por aquí más abajo, se aleja de nuevo, otra vez se acerca... y así hasta el valle ¡Vamos! –dijo Liu, con cara de estar muy segura.

Todos comenzaron a correr ladera abajo.

5. TIEMPO PARA PENSAR Y JUGAR.

Colocamos varios aros y avanzamos de uno a otro siendo camiones que recorren un camino muy largo y osos que van por un camino muy corto. Por parejas exploramos a continuación trayectorias y velocidades que permitan llegar simultáneamente o en sucesión. Después dibujamos el camino que han seguido los camiones y el que siguen los niños. Y vinculamos la posibilidad de encuentro a la velocidad de desplazamiento.

Y, como cuando el día sale así, todo son problemas, se toparon, poco más tarde, con el río. Pero no os creáis que era un río cualquiera. ¡Qué va! Era el Yangtze, un río muy, pero que muy ancho y profundo.

—¿Y ahora qué? – Comentó Lu Shui–... No me digas nada, Liu, que esta vez ya pienso yo... Haremos... ¡Eso! ¡Haremos un puente!

Y entonces se sintió muy importante, pues había encontrado una buena solución.

6. TIEMPO PARA PENSAR Y DIALOGAR

¿Cómo nos sentimos cuando tenemos una buena idea? ¿Y si un compañero tiene también una buena idea? ¿Qué podemos hacer cuando tenemos un problema que afecta a todo el grupo, y cada uno encuentra una solución?

Como propuso Lu Shui, comenzaron a hacer un puente. Buscaron el lugar adecuado. Cada oso llevó aquello que podía. Saholi – que, como sabéis no era osa sino guarda forestal y que se había unido al grupo porque, aunque a veces les regañaba, quería mucho a los ositos- cogía troncos pesados, Lu Shui ramas pequeñas... Y cuando algo no podía llevarlo un oso solo, pues se unían dos, o tres, o hasta cuatro.

7. TIEMPO PARA PENSAR, CREAR Y JUGAR

En grupos, dibujamos nuestro puente, lo creamos, lo compartimos con otros grupos y probamos formas de pasarlo: podemos pasarlo solos, por parejas o por grupos, sobre un apoyo, sobre dos, sobre tres, sobre tres o cuatro contando los apoyos de dos personas... con los ojos abiertos, o cerrados, llevando objetos sobre nuestro cuerpo, llevando una cuerda agarrada que nos una al compañero... Y podemos compartir ideas sobre cómo pasar, porque tus ideas pueden ayudar a toda la clase... fíjate si lo que sabes es importante.

Para finalizar todo el grupo sube sobre un puente y tratamos de organizarnos en orden según el día en que nacimos sin que nadie se tenga que bajar del puente... Es muy importante que ayudemos a nuestros compañeros y que ellos nos ayuden para poder lograrlo.

Ya todos habían pasado el río, a través de los puentes, cuando el viento hizo volar el sombrero de Lu Shui hasta llevarlo a una rama tan alta que los pequeños osos no podían llegar.

¡Mi sombrero! -dijo la osita con disgusto.

¡El sombreo que le regaló la abuela! – comentó su hermano Linsay, con gesto de pena, mientras se llevaba las patas delanteras a la cabeza.

Ahora no hay tiempo –replicó Lu Shui, con sensatez-. Yuga es más importante.

Linsay dudó un instante. Verdaderamente su amigo era muy importante. Pero comenzó a trepar al árbol, porque ver alegre a su hermana también era muy importante para él y pensó que, dado que se le daba bien trepar, hacerla feliz podía ser cosa de unos pocos segundos. ¡Yuga seguro que lo entendería!

No lo hagas –gritó Liu, que, como sabéis, tenía siempre buenas ideas. La rama de la que cuelga el sombrero es muy fina y se romperá si avanzas por ella. Te puedes hacer mucho daño.

¡Pero qué calamidad de ositos! -Volvió a decir, con cariño, como de costumbre, Saholi, la guarda forestal- Es muy importante tener cuidado cuando vamos por el bosque, porque si no somos prudentes, podemos hacernos mucho daño o hacérselo a los demás. Anda, baja de ahí, que yo recogeré el sombrero.

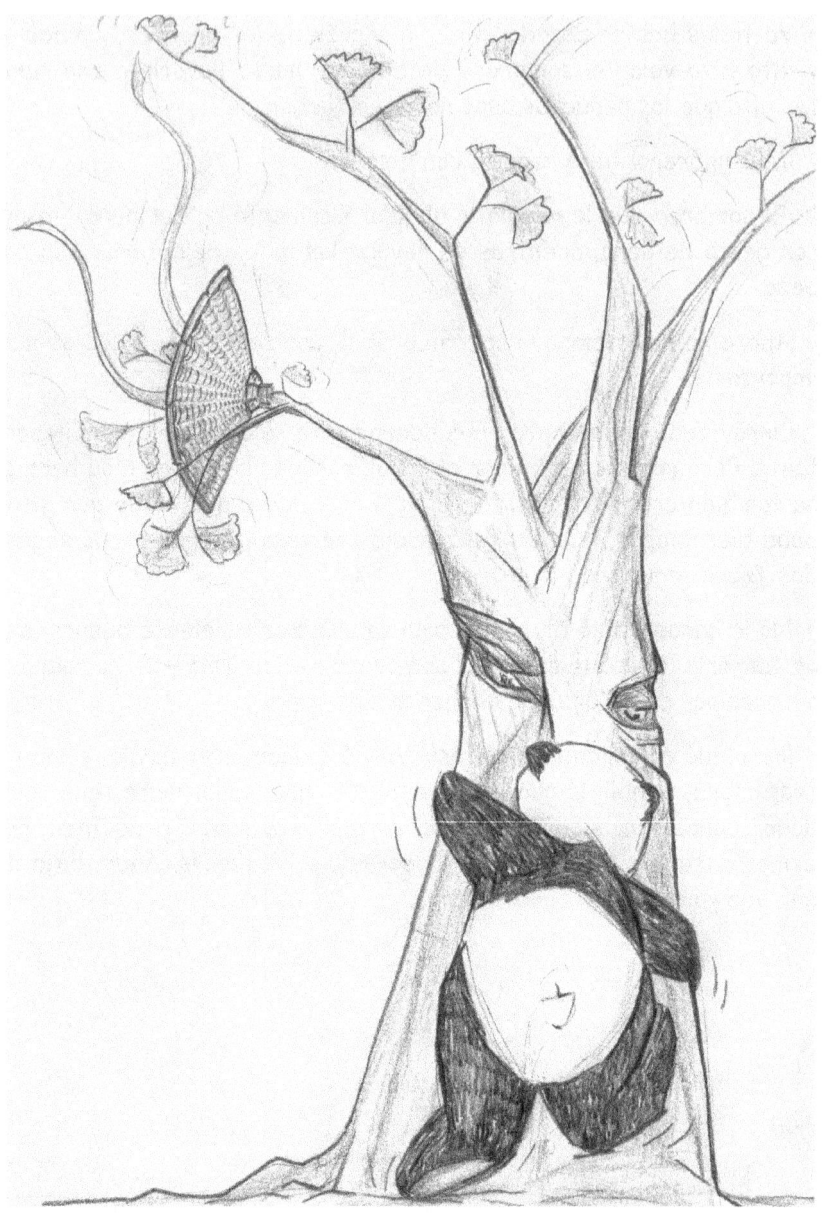

Y dicho esto, tomó carrera para dar un gran salto. Fue un salto altísimo. Pero no suficiente. Volvió a tomar carrera y esta vez saltó tan alto que parecía que estaba volando. Tocó el sombrero con la mano derecha y éste se deslizó por el aire suavemente... ¡No os lo vais a creer!... ¡Hasta caer de nuevo en la cabeza de Lu Shui!

-¡Gracias Linsay! ¡Y gracias, Saholi! – dijo Lu Shui con gesto mitad de alivio, mitad de sorpresa. Y todos prosiguieron su camino, ladera abajo, tratando de imitar el salto de Saholi e inventando otros que les hacían caer muy lejos.

8. TIEMPO PARA PENSAR Y DIALOGAR

Lu Shui se preocupó por Yuga y Linsay por recuperar el sombrero de Lu Shui ¿Es importante hacer cosas para que los demás se sientan bien? ¿Por qué? ¿Cómo nos sentimos cuando alguien hace algo por nosotros? ¿Por qué? ¿Y cuando hacemos algo por los demás? ¿Por qué?

9. TIEMPO PARA EXPLORAR: SALTOS DE OSO

Buscamos formas diferentes de desplazarnos y saltar y las compartimos con nuestros compañeros: ¿de qué formas podemos saltar para llegar muy alto? ¿Y para llegar muy lejos? Exploramos saltos cuesta arriba y cuesta abajo, saltos desde un lugar elevado... ¿Somos capaces de crear varios saltos diferentes? ¿Cómo podemos saltar para caer dentro de un círculo dibujado en el suelo? ¿Qué saltos podemos realizar agarrados de la mano de un compañero o de una compañera? ¿Y si lo hacemos todos juntos?...

Unos metros más abajo, entre el bambú, Xù Rì -que en el idioma de los chinos significa sol naciente- vio algo brillar. Era un cordón dorado y púrpura. Y cuando estaba a punto de tomarlo en sus manos, Feng -que en chino significa viento- corrió rápido como su nombre y lo cogió de un extremo. En un instante ambos estaban tirando de los lados del cordel.

Yo lo he visto primero –señaló Xù Rì, con enojo, al tiempo que tiraba con fuerza.

Pero yo lo he cogido antes, respondió Feng mientras se giraba hacia Saholi, la guarda del bosque, buscando su apoyo.

Debéis resolverlo de forma pacífica... Y pensando en una buena solución para los dos –sugirió Saholi. Nosotros seguiremos avanzando y cuando lo hayáis resuelto nos podréis alcanzar, porque ambos sois muy rápidos. Y también sois capaces de arreglarlo juntos, sin pelearos. Confiamos en vosotros. Ahora los demás proseguiremos el camino.

Poco más tarde Feng y Xù Rì, alcanzaron a los otros osos. Cada uno portaba un extremo del cordel.

Hemos llegado a un buen acuerdo -señalaron ambos, casi al unísono-. Cuando podemos avanzamos como ahora, llevando el cordel entre los dos. Y cuando no es posible, porque hay demasiado bambú para pasar, nos turnamos para llevarlo.

Una sabia decisión –Comentó Saholi, mostrando su sonrisa al tiempo que se estiraba su chaqueta de guarda forestal.

---

10. TIEMPO PARA PENSAR Y DIALOGAR.

Feng y Xù Rì, habían vivido un conflicto. ¿A nosotros nos ha pasado alguna vez? ¿Y cómo nos sentimos? ¿Qué podemos hacer para resolver un conflicto? ¿Qué soluciones son buenas? ¿Y cuáles no lo son?

El resto de los osos les miraron satisfechos pues habían sido capaces de resolver un problema muy difícil.

> **11. TIEMPO PARA PENSAR Y JUGAR... CON UNA CUERDA.**
>
> ¿De qué formas podemos desplazarnos sin soltar la cuerda que nos une a nuestro compañero? ¿Y si sujetamos la cuerda en el elástico del pantalón? ¿Cómo podemos conseguir que la cuerda no se suelte: vamos cerca o lejos, hacia el mismo lado o hacia lados diferentes...?... Nos movemos por los espacios del bosque (creamos un circuito con colchonetas, conos, espalderas...)

En poco tiempo, llegaron hasta un lugar que ninguno de ellos había alcanzado jamás, ni siquiera cuando salían de excursión con sus padres, o con su maestra.

Más allá del bambú y antes de que empezara de nuevo el bosque, se extendía una gran pradera. Los niños pararon y miraron a su alrededor.

¡Chocolate! –Dijo Gǒng Míng, un osito de tres años muy mimoso y zalamero, cuando alzó la vista y vio lo que tenía delante.

Efectivamente era como si en la pradera hubieran excavado para colocar cientos de marmitas llenas de cremoso chocolate.

¿Chocolate? ¡Pero qué calamidad de osito! – dijo, Saholi, la guarda del bosque, con cara de incredulidad.- No es chocolate... ¡Es barro! Y será mejor que no caigamos dentro de ninguno de esos charcos o lo pasaremos muy mal.

Pero como los ositos a veces no son muy cuidadosos, Huān Xiào, un oso juguetón y un poco descuidado, cayó al barro y costó muchísimo sacarlo de ahí... ¡Menos mal que Feng y Xù Rì aún disponían de la cuerda! Lanzaron un cabo a Huān Xiào y ambos tiraron con fuerza hasta que el panda estuvo fuera. Lo difícil, entonces, fue limpiarlo.

12. TIEMPO PARA REFLEXIONAR

A veces necesitamos ayuda. Y encontramos a personas dispuesta a ayudarnos. ¿Cómo nos sentimos cuando ayudamos? ¿Y cuando nos ayudan? ¿Qué podemos hacer cuando nos ayudan? ¿Por qué está bien ayudar?

13. TIEMPO PARA EXPLORAR Y JUGAR: DESPLAZÁNDONOS ENTRE CHARCOS

Colocamos diferentes objetos por el espacio (colchonetas, aros...), que serán los charcos de nuestro juego. Buscamos formas de desplazarnos muy rápido sin pisar ninguno de los charcos de barro... Después lo intentamos en grupos de dos y de cuatro mientras nos mantenemos en fila, a poca distancia y siguiendo el recorrido que hace el primero... por supuesto, nos vamos turnando en esa posición.

Huān Xiào ya estaba limpio. La pradera que parecía llena de marmitas de chocolate, pero que, en realidad estaba repleta de charcos de barro, había acabado. El bosque que seguía ahora era muy hermoso. Entre el bambú crecían la hiedra, la madreselva y otras plantas trepadoras. Los ositos nunca habían visto un bosque así. En realidad, en todo el país de los osos no había ningún otro igual, porque no era habitual que la hiedra, o la madreselva crecieran entre el bambú. El caso es que incluso Liu, que siempre lo resolvía todo con sus estupendas ideas, pensó que pasar entre tanta vegetación era casi imposible. Y más todavía cuando Saholi les dijo que había que tener mucho cuidado para no estropear las plantas, porque también eran seres vivos y que, por lo tanto, debían pasar por los huecos sin tocar las ramas ni las hojas.

¡Menudo laberinto! No sé si podremos pasar sin quedar atrapados en medio de él –señaló Liu.

No podremos pasar y nunca sacaremos a Yuga de la jaula. –dijo Lu Shui, con lágrimas en sus ojos.

No llores, Lu Shui. Cuando volvamos te dejaré jugar con mi cocinita un día entero... O más tiempo si tú quieres – respondió Liu. Porque a ella le ponía triste ver afligida a su amiga y pensó que ofreciéndole la cocinita que tanto le gustaba, le daría una alegría.

14. TIEMPO PARA PENSAR Y DIALOGAR

Liu vio triste a Lu Shui. Y trató de consolarla. Está bien lo que hizo. ¿Por qué? ¿Cómo nos sentimos cuando vemos triste a un amigo? ¿Qué hacemos entonces? ¿Y qué nos gusta que nos hagan cuando nosotros estamos tristes?

Esta vez Saholi vio a los ositos muy apenados y preocupados. Así que no les dijo que eran un desastre... Es más... Ni siquiera lo pensó.

Mirad –les comentó con voz muy dulce y cariñosa-. Si vamos despacito, atendiendo a la parte de nuestro cuerpo que pasa junto a cada rama y si nos ayudamos diciéndole al compañero con que parte de su cuerpo ha de tener cuidado, seguro que todos podemos seguir avanzando.

Y, como había propuesto Saholi, poco a poco fueron pasando, con cuidado y ayudándose, entre el bambú, la hiedra y la madreselva. Les costó un buen rato. Pero, al final, todos lo lograron.

15. TIEMPO PARA PENSAR Y JUGAR

Con goma elástica creamos el laberinto de la hiedra y la madreselva. Y tratamos de pasar por él sin tocarlo. Podemos buscar huecos diferentes, avanzar en contacto con algún compañero, desplazarnos llevando un objeto que tampoco puede tocar el laberinto, llevar un saquito de arena sobre nuestro cuerpo y si se nos cae, esperar a que alguien nos lo vuelva a colocar...

Cruzado el espeso bosque los ositos sonrieron, porque habían hecho algo que ni siquiera imaginaban que fueran capaces de hacer.

16. TIEMPO PENSAR Y DIALOGAR

Los osos estaban muy contentos. ¿Cómo nos sentimos cuando hacemos algo que pensábamos que no éramos capaces de hacer? ¿Por qué? ¿Y cuando vemos a un compañero hacer algo bien? ¿Por qué?

Los ositos, un poco cansados de tanta caminata, comenzaban a echar de menos su hogar.

Tengo ganas de volver a casa, dijo Lu Shui.

En realidad todos tenían ganas de volver a casa, pero ahora era más importante liberar a su amigo, así que al tiempor que andaban, se conformaron con imaginar los juegos que cada día compartían entre el bambú, mientras se sentían protegidos por sus padres.

17. TIEMPO PARA CREAR Y JUGAR

Ahora nos toca a nosotros. Podemos inventar nuevas aventuras de los osos en el bosque, antes de llegar a alcanzar el camión donde llevaban a Yuga... Y las podemos jugar.

Miraron hacia el frente... Y no podían creer lo que estaban viendo... ¡Habían llegado al pueblo!

Saholi, les dijo que avanzaran calle abajo y que al final de ésta siguieran hacia el oeste. Después les dejó un momento para ir al Ayuntamiento y avisar a los policías locales. Poco más abajo, donde hay un cartel muy grande en el que dice, en el idioma de los panda, "por aquí se va al parque con juegos para niños y ositos", se encontraron con

Hao You, una chica requeteguapa que, como cada mañana, vendía sus tarros de miel.

Atónita se quedó Hao You, cuando vio a tantos osos juntos. Y atónitos se quedaron ellos cuando vieron tantos tarros de miel.

¿Me das un poco? - dijo Luz del Oeste, un oso pardo grandullón, muy fuerte y aún más goloso que vivía en un bosque muy lejano y que estaba de visita esos días en casa de sus parientes panda.

- ¡Pero ahora no! ¡Qué calamidad de osito! Ahora tenemos que seguir buscando a Yuga – dijo Lu Shui, muy enfadada, tratando de imitar con su voz a Saholi.

La debió imitar muy bien, porque Luz del Oeste dejó el tarro, se despidió de Hao You y siguió caminando.

Llegados al cruce se pararon ante una rosa de los vientos pintada en el suelo, con indicaciones en varios idiomas.

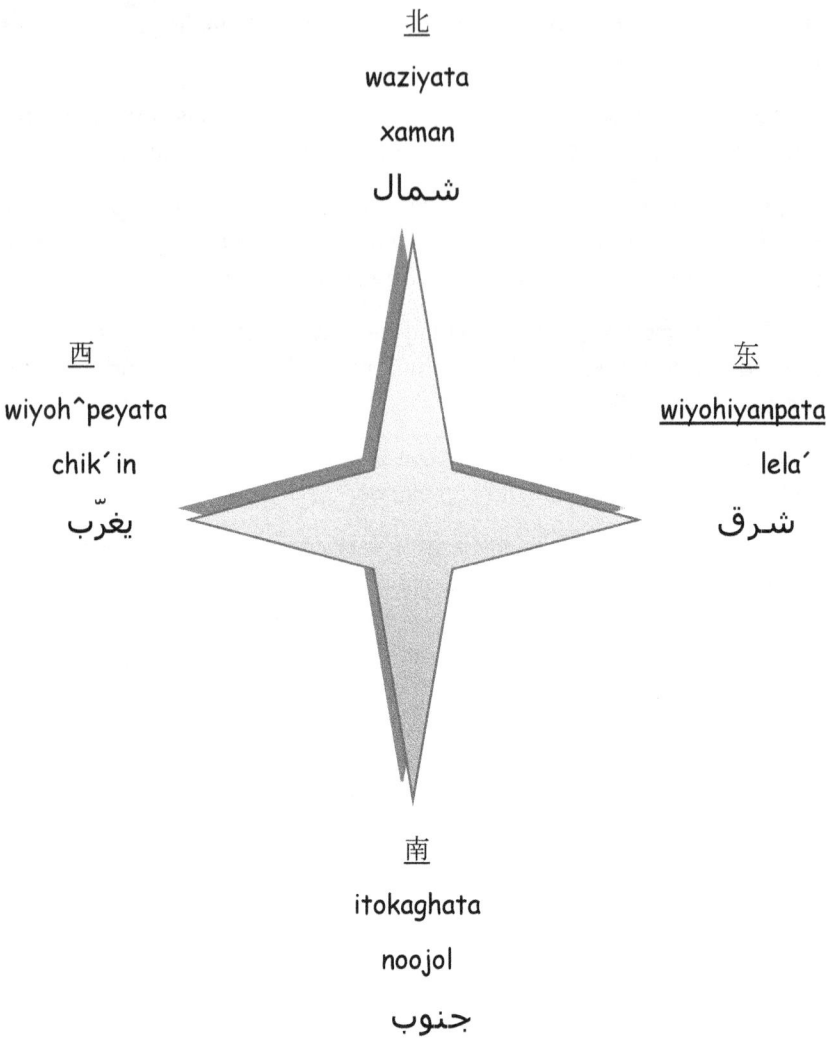

Pero no encontraron palabras escritas en la lengua de los panda.

Linsay comenzó a leer:

Xi, wiyoh^peyata, noojol...

O alguien traduce esto o fijo que nos perdemos –señaló Liu resignada.

Y visto que nadie pasaba por allá, decidieron avanzar. Luz del oeste, sugirió seguir en la dirección de donde él había venido meses antes. Poco más allá, junto al parque en el que había columpios de colores y una tienda con helados de varios sabores y en el que hace unos días, pensando en los pandas, han colocado un cartel que dice en su idioma, "éste es el parque en el que pueden jugar los niños y los osos", Linsay detuvo a sus amigos.

- Ahí está el camión – dijo con voz muy baja- Y a su lado hay una jaula en la que han metido a Yuga. Pero los hombres están también dentro.

- ¿Y ahora cómo lo sacamos? – inquirió Lu Shui.

- Buscaremos una estrategia –dijo Liu.

- ¿Una qué? –comentó Luz del Oeste con cara de no enterarse de nada.

- Una estrategia –repitió Liu, con gesto paciente.

- ¿Y dónde podemos encontrar esa estra... Estravieja? – repuso Luz del Oeste al tiempo que mantenía su cara de duda.

- ¡Pues en tu cabeza! –señaló Liu con aire firme.

Luz del Oeste, asustado, dio un salto y se llevó rápidamente las patas delanteras a su cabeza mientras la sacudía con rapidez, como buscando algo muy molesto posado repentinamente sobre ella.

- ¡Que no, tontorrón! Una estrategia es un plan ¿Entiendes? Por eso tendrás que buscarla en tu cabeza– respondió Liu, sintiendo un poco de lástima tras el susto que se había llevado el osito pardo.

Y Luz del Oeste, ahora que ya sabía lo que era una estrategia, propuso acercarse muy despacio y sin hacer ruido hasta llegar a la jaula, para después entrar en ella por un lado, por el otro, por el otro y por el otro... Porque los hombres eran dos y ellos eran muchos más.

18. TIEMPO PARA PENSAR, COMPARTIR Y JUGAR

Jugamos a acercarnos a la jaula sin hacer ruido. ¿De qué formas podemos avanzar sin que se nos oiga?... Pero, cuidado, porque si nos escucha el hombre del gran bigote, o el que no tiene bigote, lo pasaremos muy mal.

19. TIEMPO PARA JUGAR:

"RESCATAR A YUGA"

En la jaula está Yuga tumbado. Dentro de ella y sin poder salir, vigilan sus raptores. Los osos entran a la jaula y tratan de arrastrar a Yuga fuera. Si los raptores tocan a un oso dentro de la jaula el oso se tumba hasta que otro oso lo rescate tirando de él para sacarlo. ¿Lograrán los osos salvar a Yuga? ¿O acabaran todos capturados por los malvados raptores?

Linsay, impaciente por rescatar a su amigo, entró el primero. Después fueron haciéndolo los demás. Tras un rato intentándolo no había manera de conseguir sacar a Yuga. Y es que los dos hombres se movían muy, pero que muy rápido.

Entonces llegó Saholi seguida de una amiga suya que era policía local. Los hombres se quedaron pasmados, estupefactos, patidifusos y boquiabiertos al verla tan alta, tan fuerte y... ¡Tan vestida de guarda forestal!

- ¡Pero qué calamidad de hombres! ¿No os da vergüenza? ¿Eh?... Raptar así a un osito indefenso. ¿No entendéis que ahora se siente muy triste y asustado? ¿Os gustaría que os metieran a vosotros en una jaula? ¿No, verdad? Pues a Yuga tampoco. Ni a Yuga ni a ningún osito. Soltadlo inmediatamente –dijo Saholi, con voz muy firme, antes de que los dos raptores se recuperaran del susto.

Y es que Saholi estaba muy, pero que muy enfadada.

Por supuesto, lo soltaron. Yuga corrió hacia sus amigos. Él y Linsay se dieron un gran abrazo de oso. Después todos los osos se dieron muchos más abrazos de oso.

20. TIEMPO PARA JUGAR:

"ABRAZOS DE OSO"

Suena la música y nos desplazamos a su ritmo. Cuando para, nos damos grandes abrazos de oso con quien nos encontremos: abrazos que no hacen daño, abrazos muy cariñosos, abrazos de dos, de tres y de cuatro osos... y podemos acabar con un gran abrazo en el que participen todos los osos de la clase.

Y, cantando canciones de osos, emprendieron el regreso a su bosque de bambú, su querido hogar, no sin antes pasar por el tenderete de Hao You para que Luz del Oeste pudiera comer rica miel. Hao You preparó doce tarros rellenos de miel, para que los panda los llevaran consigo hasta el bosque.

El retorno no fue sencillo. Todos tuvieron que ayudarse para volver a casa sin que ninguno de los tarros se rompiera por el camino.

21. RETORNANDO: UN DESAFÍO COOPERATIVO

Para regresar habremos de atravesar, de nuevo, el laberinto, la pradera de las marmitas de chocolate, el río Yangtze... Pero es preciso hacerlo de tal forma que todos lleguemos antes de que anochezca (establecemos un límite temporal) y sin perder los tarros de miel por el camino... Recordad, sólo sirve que lleguemos todos, con nuestros tarros de miel y antes de que anochezca. Disponemos de 15 minutos. ¿Seremos capaces de lograrlo?

Al llegar de nuevo al colegio, Yu, la maestra panda, sintió un gran alivio y les informó de que, aquella mañana, Góng Míng había tenido... ¡Tres hermanos! a los que habían puesto por nombre Trampita, Saltarín y Mina, tal como había sugerido, una día al amanecer, Luz del Oeste, el oso pardo llegado de muy lejos.

Al día siguiente, los telediarios nacionales y los periódicos del Bosque de Bambú abrieron su edición con una sorprendente noticia "Un grupo de ositos panda libera a un amigo raptado por dos presuntos delincuentes".

De la ciudad vino un Juez muy serio y respetable que aconsejó condenar a Takú y Yè Xí –que así se llamaban los raptores- a pasar en la cárcel un mes, una semana y un día. Pero, la Jueza de Paz y Buena Voluntad del Bosque de Bambú, una osa sensata, juiciosa e igual de respetable, determinó que, dado que el delito se había cometido en el bosque, a ella le competía juzgar y dictar sentencia. Tras escuchar a las partes y ver cómo los acusados se disculpaban y se comprometían a no volver a hacer nada igual, dirimió que, para redimir su condena, ambos delincuentes deberían dedicar dos meses, dos semanas y cuatro días a cuidar del bosque y de los ositos.

22. TIEMPO PARA PENSAR Y DIALOGAR

Las cosas que hacemos ¿sólo nos afectan a nosotros, o, a veces también a los demás? Las consecuencias de lo que hacen Takú y Yè Xí ¿afectan a Yuga? ¿Y a los amigos de Yuga? ¿Y a la familia de Yuga? ¿Es justo lo que propuso el juez? ¿Por qué? ¿Y lo que propuso la jueza de paz y buena voluntad? ¿Por qué? ¿Cuál de las dos propuestas creéis que es mejor? ¿Por qué? Si hacemos algo que perjudica a los demás ¿qué podemos hacer para remediarlo?

Takú y Yè Xí cumplieron con gusto, aprendieron de la comunidad de osos y ahora son... ¡Guardas forestales!

Vestidos con un uniforme muy limpio y bien planchado por ellos mismos, velan por la vida en el bosque, al lado de Saholi.

... ¿Y sabéis qué? Dicen que Takú y Saholi son ahora novios.

Sí, sí... ¡Novios! ¡Y eso después de lo que había hecho Takú y de que Saholi se enfadara tanto y tan justamente con él!... ¡Lo que cambian a veces las personas! ¡Y lo que cambia la vida con el amor!

También dicen que ayer se dieron un beso... Eso dicen, aunque nosotros no os lo contamos, porque no sabemos bien si es verdad.

Eso sí, si se casan y nos invitan, ya os avisamos y, si queréis, vamos todos a la boda.

...Bueno... Nosotros ya no tenemos nada más que narraros, así que nos despedimos y, aunque ésta es una historia real, terminaremos con una rima, como en algunos cuentos de verdad...

Y la rima dice:

Carabín, carabanda,

aquí acaba esta historia de bosques de bambú,

Yé Xí, Takú,

Saholi y los Osos Panda.

23. TIEMPO PARA PENSAR Y DIALOGAR

¿Te ha gustado esta historia? ¿Qué hemos aprendido a lo largo de estos días? ¿Os gustaría participar en más cuentos para jugar? ¿Y si creamos uno entre todos?

CUADERNO DIDÁCTICO

1. PRESENTACIÓN

El cuento que aquí presentamos trata de abrir senderos para que, a partir de la recreación de los ambientes propios del relato, los alumnos y alumnas[1] encuentren un espacio para soñar, crear, pensar, sentir, explorar, construir, convivir...

Las propuestas de juego y actividad a las que remite, acercan a los alumnos a diferentes aspectos de su corporeidad y su motricidad, abordados desde una óptica global, tal como son vividos por cada niño, por cada niña, en su actividad ludomotriz. No hay en ella una disección de la actuación corporal y motriz que le oriente hacia un elemento concreto ni una secuencia que convierta una capacidad del ámbito motor en epicentro de la actuación didáctica. Lo que encontramos en este proyecto es un conjunto de situaciones con vocación ecléctica que pueden servir de apertura de vías sondeadas con posterioridad, o bien de situación de síntesis tras el tratamiento de unidades didácticas específicas.

Pero el cuento no está orientado exclusivamente hacia el desarrollo corporal y motor. Su vocación trasciende más allá. Desde las actividades psico y sociomotrices a las que remite, tratamos de proveer contextos de aprendizaje enriquecedores en todos los ámbitos del desarrollo personal. En esta línea, concedemos una relevancia especial a la exploración de nuevas ideas, a la búsqueda de estrategias de actuación, al desarrollo del pensamiento divergente y la capacidad creativa, a la evolución en la esfera de la autonomía, el deseo de autosuperación, la autoconfianza y la autoestima y a la expresión e integración constructiva de las emociones y los sentimientos como bases del progreso en los ámbitos emocional, afectivo y volitivo, a la

---

[1] A lo largo del texto que recoge el libro y con la finalidad de facilitar el proceso de lectura, nos serviremos de genéricos para referirnos a personas de ambos sexos y, cuando no sea posible, utilizaremos el masculino de forma general. En cualquier caso es preciso que reflexiones sobre el modo de presentación del cuento y el propio proyecto ante los alumnos y alumnas, de tal forma que esté teñido de una orientación no sexista.

búsqueda de alternativas emancipatorias en la práctica motriz como senderos en la educación que abre vías hacia la libertad y a la práctica colaborativa y la actuación cooperativa, como instrumentos en el desarrollo de habilidades sociales y como opciones en relación con la actuación prosocial... Y, en última instancia, a la educación en valores como factor determinante en una pedagogía con sentido humanizador.

En suma, el desarrollo integral de todas y cada una de las personas que participan en clase se erige en el referente dentro de este proyecto; un proyecto que, por otro lado, puede abrir importantes rutas hacia un tratamiento interdisciplinar.

Principios de procedimiento

La visión de la educación desde un modelo de racionalidad práctica[2] lleva a considerar el currículo como proyecto y como proceso y a tomar como referencia principios de procedimiento que sirven para conjugar la definición de los fines educativos, los modos de actuación y los criterios de decisión (López Pastor 1999, López Pastor, Monjas y Pérez Brunicardi, 2003). Desde esta óptica, los principios de procedimiento conectan los contenidos, los sistemas axiológicos de los que la escuela y los maestros son partícipes y las condiciones del ambiente de aprendizaje en el que se desarrolla cada propuesta curricular (Devís, 2003).

Los principios de procedimiento, partiendo de esta perspectiva, encierran en sí mismos una propuesta educativa y sirven como vector que orienta la acción didáctica hacia una práctica democrática y un proceso humanizador.

Es esa la perspectiva que asumimos en esta propuesta pedagógica.

El referente en este cuento, desde el prisma a través del cual lo presentamos está constituido por los siguientes principios:

---

[2] Víctor López Pastor (1993) nos acerca a las alternativas de racionalidad que pueden sustentar la acción educativa propia de nuestra área, desde una óptica que se polariza en los modelos de racionalidad técnica y práctica (integrando esta última a las alternativas, práctica y crítica).

- Integrar las propuestas motrices en el contexto de un cuento que globalice y dote de sentido al movimiento corporal, que propicie aprendizajes ligados a la toma de decisiones y que provea contextos para la reflexión ética.

- Utilizar estrategias metodológicas que profundicen en el camino hacia la emancipación.

- Tomar en consideración las diferentes alternativas metodológicas tanto por sus posibilidades en el intento de propiciar el desarrollo de cada alumno, como por su potencial ético.

- Conceder importancia a las habilidades sociales, prestando atención a las estrategias metodológicas que facilitan su desarrollo.

- Proveer ambientes educativos para la exploración creativa y para la ampliación y diversificación de las propias capacidades de cada alumno.

- Prestar atención al desarrollo evolutivo de los alumnos y a sus conocimientos previos, a la hora de seleccionar las propuestas de actividad.

- Ofrecer contextos de aprendizaje y actividades que permitan que los alumnos construyan sus nuevos aprendizajes relacionándolos de forma significativa con lo que ya conocen o lo que ya saben hacer.

- Conceder una atención relevante a los aspectos motivacionales.

- Partir de situaciones motrices abiertas, con aspectos abiertos a la posibilidad de ser variados por cada persona, de modo que los alumnos encuentren, en ellas, cauces para seguir progresando.

- Interrogar a los alumnos sobre las variaciones en las condiciones espaciales, temporales, humanas y materiales que pueden enriquecer cada propuesta motriz e instarles a ponerlas en juego.

- Ofrecer a los alumnos un crisol amplio de actividades susceptibles de ser utilizadas como recurso de desarrollo personal y grupal en contextos extraescolares.

- Buscar cauces educativos a partir de situaciones motrices con diferente lógica interna.

- Impulsar la reflexión en torno a las consecuencias que depara la estructura de meta cooperativa sobre la autoestima, los sentimientos de pertenencia al grupo, las actitudes prosociales y las relaciones positivas dentro de clase.

- Interrogar a los alumnos sobre cuestiones de naturaleza motriz, estratégica, socioafectiva y ética vinculadas a la propia actividad física.

- Promover, entre los alumnos, la investigación en torno a cada situación de juego, de modo que puedan poner en práctica diferentes modos de actuación, utilicen estrategias de indagación y establezcan conclusiones que les permitan comprender el juego y elaborar principios genéricos de acción.

- Reflexionar con los alumnos y promover el desarrollo de una cultura de responsabilidad tanto en relación con el grupo de clase como con respecto al entorno humano y natural.

- Promover el diálogo en torno a los derechos de los que son sujetos las personas, fundamentar en ellos las normas consensuadas dentro del grupo y propiciar la actuación responsable en relación con el respeto a dichas normas.

- Propiciar la conciencia crítica y la capacidad para discernir y optar de forma responsable tanto mediante la implicación de los alumnos en el relato y en las propuestas y situaciones que éste genera, como desde el desarrollo de experiencias reflexivas en torno a él.

- Establecer comunicaciones singulares con cada uno de los alumnos.

- Prestar atención a las necesidades de naturaleza socioafectiva propias de cada niño y ofrecer alternativas ante ellas.

- Promover, desde el propio cuento y desde la subsiguiente actividad ludomotriz, la idea de grupo como comunidad de apoyo para cada persona desde la aceptación, la inclusión y la disposición para las relaciones colaborativas.

- Facilitar desde el propio ambiente de clase la práctica constructiva y satisfactoria para cada alumno.

- Promover el dialogo en torno al contenido emocional y afectivo de la actividad física ofreciendo cauces para la expresión positiva de emociones y sentimientos.

- Impulsar la reflexión en torno a las consecuencias que depara cada juego, especialmente desde su lógica interna, sobre las relaciones de grupo.

- Impregnar el propio cuento del auténtico sentido que acerque también al niño a la diversión, la alegría, la magia y el carácter autotélico propios de lo lúdico.

- Promover en clase el uso de estrategias de aprendizaje cooperativo.

- Mostrar una actitud empática con los sentimientos y emociones de los alumnos.

- Ofrecer cauces para la expresión positiva de emociones y sentimientos.

- Promover la reflexión sobre la carga emocional implícita en las actividades ludomotrices.

- Presentar, desde el propio modo de actuación docente, alternativas constructivas para la interacción social dentro del grupo.

- Impregnar la actividad de clase de los valores que permiten el desarrollo de una sociedad libre, crítica, constructiva y solidaria.

- Promover el diálogo y el sentido crítico en torno a las cuestiones de naturaleza moral vinculadas a la práctica de la actividad física.

- Orientar a los alumnos en el desarrollo de estrategias que les permitan abordar los conflictos de forma dialógica y constructiva.

- Mostrar una actitud respetuosa ante los alumnos, con independencia de que se produzcan diversidad de puntos de vista y discrepancias.

- Rechazar, de forma razonada y acorde con el desarrollo moral de los alumnos, las situaciones de discriminación, los estereotipos sexistas y las relaciones de dominancia-sumisión dentro del grupo y ofrecer alternativas ligadas a la igualdad, la equidad y la no discriminación.

- Adoptar una actitud crítica ante las situaciones motrices que originan la exclusión o la eliminación y promover, entre los alumnos, el diálogo crítico en relación con estos hechos.

- Ofrecer alternativas ludomotrices y estrategias metodológicas que profundicen en los valores relacionados con una educación física con sentido humanizador.

- Abordar la evaluación desde una perspectiva no coercitiva, formativa, criterial, centrada en el proceso y colaborativa.

- Ofrecer alternativas de evaluación que conciban ésta como una actuación cooperativa en la búsqueda de procesos más enriquecedores y de progresos personales en cada alumno.

2. OBJETIVOS

Dado el carácter complejo y dinámico de todo proceso educativo, habitualmente los resultados son demasiado numerosos y poco previsibles para sintetizarse en un conjunto limitado y específico de objetivos (Contreras, 1998). Este hecho, común en un amplio espectro de situaciones educativas, adquiere especial relevancia en el contexto de un cuento que constituye una propuesta abierta, susceptible de modificación en función de las demandas que derivan de las personas y los grupos con los que tratamos de convertirlo en un escenario educativo. Tal vez, bajo este prisma, delimitar un conjunto articulado de objetivos hacia los que tratamos de avanzar desde la puesta en juego de este cuento motor, puede erigirse en una actividad meramente discursiva.

Sin embargo, para muchas personas, los objetivos sirven como referentes a la hora de dotar de claridad al proceso educativo. Es por ello y por la necesidad de dar respuesta a lo que se plantea como prescriptivo en el nuevo modelo curricular, por lo que presentamos en esta propuesta un conjunto de objetivos que pretenden abrir vías y servir de referencia inicial. En cualquier caso, tratamos de hacerlo siendo coherentes con la óptica vinculada a la racionalidad práctica a la que aludíamos unas líneas más arriba. Esto se aventura posible si partimos de objetivos experienciales (Contreras, 1998: pg. 147).

La opción que representan estos objetivos implica plantear metas ligadas a la creación de procesos caracterizados por su riqueza, diversidad, ductilidad y posibilidad de cambio en función del análisis crítico del devenir de clase y de la consecuente realimentanción del proceso pedagógico.

La formulación de los objetivos, en este caso se inscribe en claves de experiencias pedagógicas. De este modo, los objetivos experienciales, sin ser prescriptivos, orientan la acción didáctica y permiten que procesos iniciados desde un punto común puedan llegar a resultados diferenciados, en distintas personas o grupos, a través de los caminos divergentes a los que pueden conducir dichos procesos (Zabala, 2004). Desde ahí pueden representar un buen referente adaptable a la heterogeneidad inherente a todo grupo de clase (Astrain, 1999).

Los objetivos que aquí planteamos tratan de navegar hacia esa misma provisión de experiencias de aprendizaje y no agotan, en cualquier caso, el universo de alternativas posibles a partir del cuento motor. Con estas premisas, desde el contexto educativo que crea este cuento nos proponemos:

1. Implicarse activamente en el desarrollo de un cuento motor, considerándolo como un espacio de diversión, alegría, convivencia y aprendizaje.

2. Experimentar diferentes posturas en situaciones estáticas y dinámicas, controlando el tono postural e independizando la acción segmentaria.

3. Participar en situaciones variadas que permitan el desarrollo del equilibrio estático y dinámico.

4. Explorar situaciones que propicien la orientación en el espacio y/o en el tiempo y en relación con el espacio/tiempo, en el contexto de la acción motriz.

5. Participar en situaciones motrices que incidan en el desarrollo de la coordinación global y segmentaria.

6. Adentrarse en diferentes situaciones que permitan explorar formas de ejecución y control de las habilidades motrices básicas.

7. Implicarse activamente en la resolución de situaciones que implican la manipulación y manejo de objetos.

8. Participar en situaciones que permitan el descubrimiento y exploración de las posibilidades comunicativas del propio cuerpo desarrollando la espontaneidad y la creatividad en el movimiento expresivo.

9. Descubrir y experimentar medios para la expresión de emociones y sentimientos y para la representación de personajes, ob-

jetos y situaciones, a través del cuerpo, el gesto y el movimiento.

10. Intervenir en actividades lúdicas variadas en cuanto a su lógica interna y sus demandas corporales y motrices, adecuando los aspectos relacionados con la toma de decisiones, a cada situación, y actuando desde el respeto al marco normativo

11. Aceptar y valorar la propia realidad corporal, aumentando la confianza en sí mismo, la autonomía, la autoestima y el espíritu de autosuperación, en el marco del cuento motor, el juego y la actividad motriz.

12. Considerar a cada compañero como una persona importante y valiosa, desde el reconocimiento de las diferencias y el respeto ante las singularidades corporales, motrices, de género, sociales, o de cualquier otra índole.

13. Participar en el contexto cooperativo que crea el cuento, valorándolo como forma de relación y como medio para el progreso individual y colectivo y el bienestar personal y grupal.

14. Implicarse en el cuento motor desde actitudes de colaboración, tolerancia, no discriminación y resolución dialógica y pacífica de conflictos dentro de las situaciones ludomotrices.

3. CONTENIDOS

Los contenidos representan un subconjunto del universo personal, cultural y social en el que se desenvuelve la actividad corporal y motriz.

También en ellos podemos ver el carácter de creadores de procesos pedagógicos potencialmente positivos y de generadores de posibilidades de acción educativa. De este modo, su concreción se erige en una buena referencia para guiar el proceso didáctico.

A través de esta propuesta abordamos los siguientes contenidos:

Bloque 1. El cuerpo: imagen y percepción:

- Adecuación del tono postural y de la independencia segmentaria a las demandas de cada situación.

- Exploración de diferentes posturas, ejerciendo sobre ellas un control consciente.

- Exploración de situaciones que propicien la orientación en el espacio y/o en el tiempo y en relación con el espacio/tiempo, en el contexto de la acción motriz.

- Experimentación del equilibrio en situaciones estáticas y dinámicas, a diferentes alturas, sobre distintos segmentos corporales y sin/con limitaciones perceptivas dentro de contextos lúdicos de actuación.

- Participación en situaciones motrices que incidan en el desarrollo de la coordinación global y segmentaria.

- Aceptación y valoración de la propia realidad corporal, aumentando la confianza en sí mismo.

Boque 2. Habilidades motrices:

- Adentrarse en diferentes situaciones que permitan explorar formas de ejecución y control de las habilidades motrices básicas.

- Exploración de secuencias motrices que integren desplazamientos saltos y giros.

- Implicación en la resolución de situaciones que conlleven la manipulación y manejo de objetos.

- Búsqueda de alternativas originales en respuesta a los interrogantes planteados en diferentes situaciones problema.

- Toma de conciencia de la propia valía personal con independencia del nivel de destreza alcanzado.

Bloque 3. Actividades físicas artístico-expresivas.

- Participación en situaciones que permitan el descubrimiento y exploración de las posibilidades comunicativas del propio cuerpo.

- Experimentación de medios para la expresión de emociones y sentimientos.

- Representación de personajes, objetos y situaciones, a través del cuerpo, el gesto y el movimiento.

- Espontaneidad y creatividad en el movimiento expresivo.

Bloque 4. Actividad física y salud:

- Respeto de las normas básicas de seguridad y cuidado del propio cuerpo.

- Actuación coherente con los hábitos de higiene.

Bloque 5. Juegos y deportes:

- Intervención en actividades lúdicas variadas en cuanto a su lógica interna y sus demandas corporales y motrices.

- Adecuación de los aspectos relacionados con la toma de decisiones, a las demandas de las situaciones planteadas por cada juego.

- Autonomía y confianza en sí mismo y en los demás en el contexto del juego motor.

- Valoración de la cooperación como alternativa de actuación grupal.

- Actuando desde el respeto al marco normativo.

Contenidos transversales.

- Implicación activa en un cuento motor, viviéndolo como un espacio de diversión, alegría, convivencia y aprendizaje.

- Confianza en sí mismo, autonomía, autoestima y espíritu de autosuperación, en el marco de las propuestas de acción derivadas de un cuento motor.

- Valoración de cada compañero como una persona importante y valiosa, desde el reconocimiento de las diferencias y el respeto ante las singularidades corporales, motrices, de género, sociales, o de cualquier otra índole.

- Participación en el contexto cooperativo que crea el cuento, valorándolo como forma de relación y como medio para el progreso individual y colectivo y el bienestar personal y grupal.

- Implicación en el cuento motor desde actitudes de colaboración, tolerancia, no discriminación y resolución dialógica y pacífica de conflictos dentro de las situaciones ludomotrices.

4. CONTRIBUCIÓN AL DESARROLLO DE LAS COMPETENCIAS BÁSICAS

El actual modelo curricular integra las competencias básicas como elemento clave dentro de las programaciones didácticas que guían la acción pedagógica propia de cada área curricular.

La idea de competencia nos sitúa ante un saber complejo, resultado del modo en que se articulan conocimientos, habilidades y actitudes para abordar de forma eficaz situaciones con una naturaleza común.

Cuando añadimos el atributo "básicas" estamos prestando atención a que su ejercicio resulta imprescindible para garantizar el desenvolvimiento personal y social y la adecuación a las necesidades del contexto vital, así como para la ejercitación efectiva de los derechos y deberes ciudadanos.

Dentro del desarrollo de la L.O.E., el Real Decreto 1513/2006, de 7 de diciembre (B.O.E. de 8 de diciembre), establece ocho competencias básicas. Entre ellas se echa en falta la competencia motriz, que posee elementos que la hacen acreedora de la misma naturaleza que otras que sí se nos presentan como tales.

En cualquier caso, la introducción de las competencias básicas puede convertirse en un nuevo lenguaje que acabe por renombrar lo que hasta ahora impregnaba la acción pedagógica y reconocíamos como parte del acervo educativo, remitiéndonos a una propuesta burocratizada con escasa incidencia práctica. Pero también puede erigirse en motivo para repensar nuestra tarea didáctica, promoviendo el desarrollo de una sociedad justa, democrática e incluyente (Gimeno Sacristán, 2008).

Siendo conscientes del carácter meramente discursivo que puede tener un currículo articulado a través de competencias, tratamos, no obstante, de que esta propuesta esté impregnada del sentido que se atribuyen a la educación por competencias en la segunda parte de la disyuntiva previamente planteada, dotándola de un sentido moral e imprimiéndole un carácter vivencial.

La aproximación al desarrollo de las competencias básicas desde el cuento motor que aquí presentamos se articula a través de contenidos concretos, de las opciones metodológicas a las que nos remite, de las acciones vinculadas a la evaluación y del ethos que guía la actividad diaria e impregna transversalmente toda la acción pedagógica. Esta aproximación se concreta del siguiente modo en cada competencia básica:

Competencia en comunicación lingüística:

- Lectura del texto que recoge el cuento motor.
- Establecimiento de relaciones de diálogo en torno a las cuestiones de naturaleza tanto motriz como afectiva y social que devienen en el desarrollo del cuento.
- Desarrollo de habilidades sociales y actitudes prosociales.
- Diálogo sobre cuestiones de carácter axiológico vinculadas a la actividad física.
- Búsqueda de alternativas para la resolución dialogada de los conflictos.
- Disposición positiva para escuchar, contrastar opiniones y tener en cuenta las ideas y las opiniones de los demás en el contexto de la actividad motriz.
- Establecimiento de diálogos ligados al proceso didáctico: compartimos ideas ante una situación problema de carácter abierto, dialogamos sobre nuestro modo de ejecución, sobre las interacciones con nuestros compañeros...
- Establecimiento de diálogos desde sucesivos ciclos de acción-reflexión en la aproximación al juego y al propio cuento, desde el modelo de enseñanza para la comprensión.

Competencia matemática.

- Apreciación de distancias y trayectorias y vivenciación a través de la actividad perceptivo motriz.

Competencia en el conocimiento y la interacción con el mundo físico.

- Desarrollo de capacidades motrices que permiten interactuar con el medio físico.
- Conocimiento de los riesgos que entraña la actividad física en relación con las otras personas, el medio, los materiales y el propio modo de ejecución y desarrollo de una actitud responsable ante este hecho.

Tratamiento de la información y competencia digital.

- Actitud positiva ante las nuevas tecnologías de la información y la comunicación, como una fuente potencial de enriquecimiento personal y social en relación con la información que puede proporcionar en torno a diferentes cuestiones relacionadas con los protagonistas del cuento motor.

Competencia social y ciudadana.

- Toma de conciencia de las posibilidades y limitaciones propias y ajenas, mostrando una disposición positiva hacia los compañeros con independencia de cuál sea su nivel de competencia en el ámbito de la motricidad.
- Adopción de una disposición activa para el progreso y la autosuperación.
- Conocimiento, valoración y puesta en juego de formas de expresión positiva de sentimientos y emociones, dentro del marco de la actividad física.
- Conocimiento, valoración y puesta en práctica de estrategias de actuación positiva ante situaciones de frustración surgidas en el contexto de la actividad física.
- Respeto hacia los compañeros con independencia del nivel de competencia motriz, género, nivel socioeconómico, etnia, origen nacional, o cualquier otra circunstancia.
- Identificación y respeto de los derechos que asisten a las personas en el seno de la actividad física.
- Búsqueda de alternativas dialogadas y basadas en la defensa asertiva de los derechos propios, la sensibilidad ante las nece-

sidades ajenas, la negociación y la cooperación, ante las situaciones de conflicto que acontecen en el contexto de la actividad física.
- Participación y contribución a un clima de seguridad afectiva y cooperación en el que cada persona pueda percibir a la clase como una comunidad de apoyo.
- Identificación y puesta en juego de conductas prosociales orientadas hacia la búsqueda del beneficio de los compañeros.
- Muestra de una disposición activa para acoger a otras personas dentro de la actividad física.
- Valoración de la actividad física como escenario orientado por un marco axiológico que se establece en torno a los valores de libertad, responsabilidad, diálogo, amistad, cooperación, solidaridad, justicia y paz.
- Utilización de actividades, juegos y alternativas metodológicas de carácter cooperativo.
- Utilización de alternativas metodológicas que promueven el diálogo.
- Desarrollo de actuaciones sistemáticas de educación ante el conflicto.
- Participación en la actividad desde un modelo de enseñanza para la comprensión en relación con las cuestiones de carácter socio-afectivo y axiológico, implicándose en ciclos de acción reflexión en relación con cada situación ludomotriz.
- Evaluación compartida con los alumnos en relación con el proceso educativo.

Competencia cultural y artística.

- Desarrollo de la creatividad en relación con la acción motriz.
- Puesta en juego de los estilos de enseñanza y de las alternativas metodológicas que potencian el desarrollo de la creatividad: resolución de problemas con múltiples soluciones, situaciones de exploración...

Competencia para aprender a aprender.

- Adquisición de estrategias de reflexión sobre la propia acción motriz y de autoaprendizaje.

- Disposición favorable para la participación en contextos cooperativos, siendo corresponsable de los aprendizajes propios y ajenos y valorando la alternativa cooperativa como contexto que propicia el progreso para todas las personas.
- Desarrollo de la competencia motriz desde una perspectiva genérica, adquiriendo patrones de acción dúctiles y susceptibles de adecuación a diversos contextos y de ampliación desde la actividad autónoma.
- Puesta en práctica de opciones metodológicas basadas en la libre exploración.
- Puesta en práctica de estilos de enseñanza que propician la producción: resolución de problemas.
- Puesta en práctica de alternativas metodológicas cooperativas.
- Participación del alumno en la evaluación del proceso.

Autonomía e iniciativa personal.

- Desarrollo de los diferentes ámbitos de la competencia motriz como medio para poder desenvolverse en un conjunto de situaciones con patrones comunes, dentro de su entorno de actuación.
- Toma de decisiones en el contexto del juego y la actividad motriz.
- Desarrollo de habilidades sociales y actitudes prosociales, como medio para desenvolverse de forma constructiva en las interacciones personales que se establecen en y a partir de la actividad lúdica y motriz.
- Actuación asertiva en la defensa de los derechos propios y sensibilidad ante los que asisten a las otras personas.
- Desarrollo de la capacidad para abordar el conflicto de forma constructiva, dialogada y autónoma.

5. PROPUESTAS PARA JUGAR, COOPERAR, CONVIVIR Y CREAR DESDE EL CUENTO MOTOR

Planteamiento general:

El cuento motor abre multitud de posibilidades, pero a veces nos somete a una estructura de organización más rígida que otras alternativas. Este hecho nos lleva a romper con la estructura habitual en nuestro modo de hacer a través de otras unidades didácticas en las que no hay un planteamiento previo en cuanto a distribución de actividades por sesiones y en las que lo acontecido en una sesión abre caminos para la programación de la siguiente, pudiendo una misma propuesta motriz ser retomada en clases sucesivas, abordándola con un mayor grado de profundidad o diversificándola en función de las necesidades e intereses de los alumnos.

Con todo y en un intento de adecuar el desarrollo de este proyecto a las singularidades propias de las personas y los grupos, podremos abordar el propio cuento motor desde una perspectiva más flexible, haciendo que las actividades integradas en él sean susceptibles de modificación en función de lo que vaya sucediendo en el devenir propio de las clases.

También hay modificaciones en la estructura de cada sesión, al ajustarla a los límites que propicia la propia historia. Básicamente cada sesión nos puede remitir a:

- Un momento de encuentro en el que pondremos en común lo hecho en la sesión anterior.
- Una secuencia de propuestas integradas en el propio relato motor y en torno a las que desarrollaremos ciclos de reflexión-acción.

- Un momento de recopilación y despedida en el que valoraremos de forma compartida con los alumnos, los elementos más destacados de lo acontecido a lo largo de la sesión.
- Un último momento en el que se realizarán las rutinas de aseo e higiene personal.

Pero, de modo análogo, la estructura de la sesión debe ser contemplada con la suficiente flexibilidad, para adecuarla a las condiciones cambiantes en las que se desarrolla cada clase y para profundizar en la convergencia entre el carácter lúdico y la intencionalidad educativa de que tratamos de dotar a este proyecto.

Por lo demás, será necesario precisar dónde y cuándo va a ser leído el relato: en el aula en el tiempo escolar propio del área de lengua, en la misma sala, al comienzo de la clase de educación física, en el gimnasio, patio, o parque en el que se desarrolle dicha clase, con carácter previo a la acción motriz, o intercalando fragmentos del cuento con ella...

También será necesario, en el caso de integrarlo en un proyecto interdisciplinar, delimitar qué se va a hacer en relación con cada área: lengua, conocimiento del medio, educación plástica, educación física... y establecer un alto grado de coordinación entre las personas implicadas.

La descripción que realizamos en este capítulo pretende abrir rutas por las que navegar en la acción educativa propia de nuestra área, en el supuesto de que este proyecto sea definido únicamente para la educación física. No obstante algunas de las situaciones, especialmente aquellas que remiten a un pensamiento ético de carácter general, serían extrapolables a otras áreas.

Partiendo de estas consideraciones comenzamos nuestra descripción de cada una de las propuestas didácticas:

> 1. **Tiempo para jugar:** participamos en juegos de osos. Podemos jugar a los osos que exploran el bosque y la montaña, a los osos que huyen del oso dormilón, a los osos que recogen y transportan el bambú ...

Esta primera situación pretende abrir veredas y crear el germen para que los alumnos se introduzcan en un tiempo de aventura. Las propuestas de juegos pueden variar y adecuarse a las condiciones en las que desarrollamos la actuación educativa, a las singularidades propias de nuestros alumnos, a sus motivaciones e intereses, a las demandas pedagógicas que derivan del contexto.

Bajo la idea "jugamos juegos de osos" caben múltiples opciones. Esta propuesta no agota, pues, el universo de alternativas posibles.

Las tres situaciones que presentamos pueden evocar un ejemplo de sesión.

Como opción viable ante la primera propuesta: "Jugar a los osos que exploran el bosque y la montaña" podemos abordar la creación de espacios de aventura (Generelo et al., 1994), o de un ambiente de aprendizaje (Blández, 1995). Se trata de un contexto en el que nuestra actuación docente se articula desde la intervención intencional sobre espacio y material en la línea marcada por Famose (1992) a través de las tareas semidefinidas, convertido el entorno en lugar de exploración libre de la corporeidad y la motricidad, y de experimentación de la interacción voluntaria con los compañeros.

Dado que la intencionalidad, en este caso, no está orientada hacia un contenido concreto de la motricidad, en la organización del espacio y del material caben opciones variadas, centradas, en cualquier caso, en que los alumnos perciban el lugar como el auténtico bosque de nuestro cuento y que lo sientan como un contexto atractivo, estimulante y motivador, que invita a interactuar con él. El espacio de un gimnasio con bancos, espalderas, colchonetas, con lugares con alta densidad de material en los que resulte difícil moverse al igual que ocurre entre el bambú... puede convertirse en nuestro bosque. También podemos desarrollar la propuesta en un parque, aprovechando su propio mobiliario, o en un espacio natural.

Creado el espacio de juego invitamos a los niños a explorar, a descubrir, a buscar formas de movimiento inéditas para ellos hasta ahora.

En este entorno el alumno se convertirá en auténtico artífice de su aprendizaje, si bien caben aquí las experiencias de tutoría entre iguales y el aprendizaje colaborativo, acometido de forma espontánea.

La ulterior reflexión sobre lo vivido desde una perspectiva cognitiva, corporal y motriz, emocional, afectiva y social podrá poner colofón al proceso.

La segunda de nuestras propuestas lúdicas: "Huir del oso dormilón", nos ubica ante un juego de persecución. El oso dormilón por fin despierta, bosteza, con lo que da inicio al juego y trata, a partir de ahí, de atrapar a los osos que atraviesan el bosque; sólo cuando éstos hayan llegado al otro extremo estarán a salvo. En marco espacial puede ser el mismo que el que servía de espacio de aventura en la propuesta anterior. Los lugares elevados, si el juego se desarrolla en el gimnasio, o los árboles si se desarrolla en un espacio natural, pueden servir de casa en nuestro camino.

La lógica interna de este juego (Lagardera y Lavega, 2003) marcada por la existencia de un sistema interactivo de oposición, con o sin incertidumbre en el entorno, en función de donde se desarrolle la propuesta, y en la que priman las relaciones de contracomunicación motriz uno contra todos, marcarán el devenir de la propia situación lúdica, en un contexto en el que, como oso libre, habrá que decidir, desde dónde y cuándo salir, en qué dirección, cómo realizar el desplazamiento, cuando integrar cambios de dirección, cuando buscar una casa... y, como oso dormilón, de qué modo cubrir el mayor espacio posible, a quién perseguir, cuando cambiar de perseguido...

Sobre el juego podrán buscarse variantes diversas que lleven a ir sumando osos dormilones, a alternar roles, a modificar los espacios y las reglas sobre ellos, convirtiendo la propia situación lúdica en un espacio de acción más rico y variado.

En alumnos de corta edad habrá que contar con un elemento bastante común, que puede romper con la lógica interna de la propia situación lúdica. Es posible que el niño que adopta el rol de oso dormilón opte por asumir que él es el protagonista y quiere seguir siéndolo no capturando a nadie, o que integre como parte de la aventura en que se convierte el juego, el hecho que supone asustar sin capturar. Incluso puede ocurrir que el oso dormilón acabe huyendo mientras varios niños le persiguen gritando "¡A mí, píllame a mí!, tratando, así de convertirse en protagonista. Modificar la estructura buscando alternativas como contar con tantos osos dormilones como deseen serlo y transformando el juego en un duelo por equipos, se convertiría en este caso en una alternativa diferente desde la óptica de su lógica interna, que mantendría, no obstante, un gran atractivo.

Por otro lado, aprovechar el carácter motivador que suelen poseer los juegos de persecución, valorar en qué medida esta motivación se mantiene en todas las personas y no sólo entre los más competentes desde la óptica de la motricidad, convertirlo en un lugar común para la creación de oportunidades para todos y buscar alternativas para la resolución constructiva de los conflictos, conviene que estén entre las inquietudes educativas del docente en este caso.

La realización de ciclos de reflexión-acción, asumiendo elementos propios de un modelo de enseñanza para la comprensión (Devís y Peiró, 1997) e interrogando a los alumnos sobre cuestiones relacionadas con la toma de decisiones, la acción motriz, la implicación afectiva y la interacción social que devienen en el contexto del juego permitirá, por otro lado, profundizar en su potencial educativo, de acuerdo con los principios propios de un currículo en espiral (Moyles, 1990). De este modo podemos convertir el momento de reflexión en torno a interrogantes como ¿cuándo es mejor salir para atravesar el bosque? ¿Qué recorridos son los mejores? ¿Cómo podemos despistar al oso dormilón cuando nos persigue? ¿Cómo nos sentimos cuando logramos llegar hasta el final del bosque?... Pueden crear un espacio común para compartir y aprender dentro del grupo, aplicando lo aprendido en ulteriores prácticas del juego.

La tercera de las alternativas lúdicas que presentamos en esta propuesta nos ubica ante el juego "Recolectar el bambú". Pretendemos, en este caso, que su lógica interna se rija por una red de interacción de marca cooperativa. Por parejas y portando entre las dos personas dos picas, colocamos otra en posición perpendicular para que sea transportada hasta el lugar en el que los osos las guardan para poder comerlo.

El recorrido pasa por el espacio del bosque que nos ha servido de referente en las propuestas anteriores, y será necesario que los alumnos coordinen sus acciones para que el bambú no caiga al suelo, en una tarea en la que la percepción espacial y el control segmentario cobran especial relevancia. Por otro lado los alumnos podrán seleccionar los caminos más cortos, los más sencillos, o los que nos deparan aventuras más intensas... con lo que se integra un importante componente de naturaleza decisional. El objetivo del juego consiste en recoger la mayor parte del bambú antes de que lleguen las lluvias, con lo que limitaremos el tiempo y situación poseerá una significativa carga de desafío.

Es importante que, en este caso, el reto sea colectivo, que se trate de recoger la mayor cantidad posible de bambú entre todo le grupo, por más que la actuación se realice por parejas. Sin instar a alcanzar una meta compartida pueden surgir situaciones de competición entre parejas, aún cuando éstas no se hayan planteado de forma explícita entre los objetivos del juego.

Tajfel (1974), bajo el "paradigma del grupo mínimo" estudió un fenómeno que guarda una relación especial con el descrito: cuando los alumnos son categorizados en grupos que se mantienen estables a lo largo del tiempo, surgen actitudes de favoritismo endogrupal y de rivalidad hacia el exogrupo, aun cuando los grupos no hayan sido instados a competir entre sí. Este hecho fue interpretado por Tajfel en términos de identificación con el grupo propio y de competencia social.

Una posible solución ante situaciones de este tipo pasa por modificar las actividades de forma que generen una interdependencia cooperativa entre los diferentes microgrupos de cara a la consecución de un fin común a todos ellos. En esta línea, Sherif (1966), desde su modelo de interdependencia funcional, planteó que las relaciones de rivalidad surgidas cuando distintos grupos intentan lograr, de modo exclusivo, un mismo fin, genera un conflicto de intereses entre los grupos que se supera cuando se formula una meta supraordenada que implique la intervención coordinada de los distintos grupos. La búsqueda del mayor número posible de trozos de bambú por parte del grupo en un periodo de tiempo podrá obrar en esta dirección. Por otro lado, la finalización de la clase a través de una propuesta cooperativa en la que participa todo el grupo, puede crear una relación de inclusión y pertenencia y promover la cohesión, hechos importantes desde una óptica pedagógica.

Los juegos de carácter cooperativo pueden incidir en el desarrollo de un autoconcepto positivo, de habilidades sociales y de actitudes prosociales, así como en la provisión de un contexto propicio para la aceptación de los compañeros, la comunicación entre iguales y el establecimiento de relaciones interétnicas (Omeñaca y Ruiz Omeñaca, 1999; Velázquez, 2004; Ruiz Omeñaca, 2008).

La lógica interna de este juego sociomotor con una red de interacción de marca cooperativa es coherente con la solidaridad y el espíritu cooperativo que suscitará la propia situación ludomotriz (Lagardera y Lavega, 2003, pg. 166). Podemos imaginar, en este sentido, la orientación que tomaría esta misma propuesta si se optara por plantearla bajo una situación con compañeros y adversarios en medio estable o inestable, bien a través de una carrera de relevos o bien tratando, cada pareja, de conseguir el mayor número de trozos de bambú en competición con el grupo. Obviamente esta situación, acompañada de reflexión sobre la práctica, podría albergar un crisol de potencialidades educativas. Pero ya no se daría la relación de consistencia entre lo que la propuesta demanda y el establecimiento de un espíritu de cooperación dentro del grupo de clase.

En otro orden de cosas, entre alumnos de corta edad la participación en situaciones cooperativas podrá servir de impelente para superar el egocentrismo propio de este momento evolutivo (Aragonés, 1989).

En cualquier caso, si vinculamos la cooperación motriz con una educación humanista, es importante tener en cuenta que no basta con plantear juegos cooperativos desde el convencimiento de que va a ser la propia actividad lúdica, por sí misma, la que ejerza el papel de contexto educativo. Se hace necesario, además, avanzar hacia una simbiosis entre enseñanza para la comprensión y enfoque socioafectivo (Pérez Samaniego; Sánchez Gómez, 2001). Se trata, en definitiva, de que a la comprensión sobre principios de acción de naturaleza táctica, se una la comprensión de las emociones, sentimientos y vivencias que dimanan de la actuación cooperativa.

En esta dirección, un buen modo de hacer extensivo el modelo de enseñanza para la compresión a las cuestiones de naturaleza socioafectiva es interrogar a los alumnos sobre lo que ha sucedido, en torno a estos aspectos, en cada actividad lúdica cooperativa. Desde ahí y a través del diálogo intersubjetivo y crítico se puede contribuir a superar, a veces, y a matizar, otras, estereotipos de género, de autoridad y liderazgo ligados a la edad, de naturaleza sociocultural, o de origen racial, para propiciar, en suma, un crecimiento personal positivo, unas relaciones interpersonales constructivas y una cultura de aula auténticamente democrática.

> **2. Tiempo para pensar y dialogar:** ¿A veces nos enfadamos con los amigos? ¿Cómo nos sentimos? ¿Por qué? ¿Y cómo se sentirán ellos? ¿Por qué? ¿Qué podemos hacer cuando estamos enfadados? ¿Y qué no está bien que hagamos?

Es precisamente la línea con la que terminábamos la referencia a la propuesta anterior, la que tratamos de explorar a través de ésta.

Dentro de una concepción humanista de nuestra área curricular, es preciso que entendamos la educación física como contexto de educación global, asumido desde una perspectiva holística. El mundo afectivo y social, que impregna la situación a la que hacemos referencia en esta propuesta, nutre una parte importante de las clases de educación física y encuentra, de forma paralela, en ella, vías para su desarrollo.

De nuevo, en este caso, la propuesta tiene un carácter generatriz. A estos interrogantes pueden acompañar otros que permitirán profundizar en el sentido moral de la relación de convivencia.

Linsay y Yuga se han enfadado, como nos enfadamos, en ocasiones, todos los que formamos parte del grupo de clase, como nos ocurre a todas las personas en nuestra vida diaria.

Es importante que, a partir de las respuestas que se planteen a estos interrogantes y de las que compartan ante ulteriores preguntas, los niños entiendan el enfado como una situación que forma parte de la realidad, comprendan las emociones y sentimientos que lo acompañan y busquen vías para su expresión constructiva.

Por otro lado, es preciso avanzar hacia la alteridad, hacia la superación del egocentrismo y el reconocimiento del otro para ponerse en el lugar. Este espacio, que habrá de visitarse de forma recurrente si deseamos perfilar una educación física con una inequívoca orientación ética, puede ya comenzar a explorarse en las primeras edades de la educación escolar. Se trata de que la cuestión relativa a los sentimientos de las otras personas cuando se enfadan sirva de aldabonazo, de llamada a la conciencia, para que los alumnos comprendan que no están solos, que los demás, como uno mismo, también son sujetos de emociones, de inquietudes, de afectos.

Finalmente los interrogantes relativos a qué hacer y qué no hacer cuando estamos enfadados tratan de abrir puertas para que los alumnos compartan alternativas constructivas de actuación y delimiten aquellas que no tienen un sentido positivo, vinculando de este modo la reflexión a las posibilidades de acción.

> **3. Tiempo para pensar y dialogar:** ¿Está bien capturar animales que viven en libertad? ¿Por qué? ¿Qué podemos hacer si vemos a alguien hacer algo así?

Una perspectiva transversal nos lleva a abordar, desde el cuento, cuestiones relacionadas con la creación de una conciencia ecológica. Es lo que tratamos de propiciar desde el primer interrogante.

De forma complementaria, indagar en los por qué se integra dentro de la búsqueda de caminos para el desarrollo moral. Alternativas próximas a la comprensión crítica (Puig, 1991), como forma de educación en valores, pueden comenzarse a explorar, siquiera de forma somera, a través de las situaciones de diálogo que una propuesta de este tipo genera (Ruiz Omeñaca, 2004).

Finalmente, a partir del último interrogante tratamos de suscitar la apertura de cauces para que el compromiso moral pueda transformarse en acción.

> **4. Tiempo para crear y jugar:** Creamos nuestros camiones. Camiones con los que podamos desplazarnos todos los miembros del grupo... Y los probamos buscando formas de desplazarnos y de jugar con ellos.

Desde esta sugerencia y una vez que hayamos provisto a la clase de material suficiente y variado: cajones de plinto, aros, cuerdas, goma elástica... cada pequeño grupo podrá explorar un espacio de creatividad en la construcción de su camión.

Esta labor se podrá convertir en una tarea cooperativa en la que habrá posibilidades para dialogar, abordar y superar discrepancias, llegar a acuerdos y convertir el resultado en un logro colectivo.

Los diferentes camiones podrán ser compartidos con otros grupos.

A partir de ahí llega el momento del desplazamiento y el juego. Será preciso en este caso coordinar las acciones dentro del grupo, convirtiendo también dicho desplazamiento en una tarea cooperativa, que encerrará las potencialidades educativas a las que hemos aludido unas líneas más arriba.

La percepción espacial y espacio-temporal, apreciando trayectorias y velocidades para ajustar de forma consecuente el movimiento propio y la coordinación dinámica general, explorando movimientos locomotrices, serán capacidades implicadas.

Con carácter previo al inicio de los desplazamientos podemos indagar en las posibilidades de acción. Ante la pregunta ¿qué podemos cambiar al desplazarnos dentro de nuestro camión? Es posible que surjan respuestas relacionadas con los recorridos a realizar, la forma de desplazarnos (andar, correr, avanzar sobre una pierna...), la direccionalidad (hacia adelante, hacia atrás, hacia un lado...)...

Por otro lado, probablemente se darán situaciones en las que varias personas quieran ocupar el primer lugar dentro del camión. La negociación será aquí necesaria y la solución tendente a repartir los tiempos se aventura como la mejor alternativa. En este contexto conviene que estemos vigilantes para que no haya personas que tengan que renunciar a su derecho a ocupar el primer lugar por un tiempo, en función de su estatus dentro del grupo, o que se dé el caso de otras que impongan su criterio sin tener en cuenta a los demás.

A modo de idea matriz, la creación de los camiones también puede convertirse en el prefacio de propuestas diversas de actividad y juego. Podemos evolucionar desde la propuesta inicial hacia otras de naturaleza cooperativa, como la progresión por el espacio, dentro de los camiones, al tiempo que se mantiene uno o varios globos en el aire bajo la acción cooperativa de los miembros de uno o de dos grupos diferentes, podemos avanzar botando balones y abandonar el camión cuando el balón se nos escapa, volviendo a incorporarnos a aquel camión que pasa ante nosotros... Y si los camiones están constituidos únicamente por el recinto formado por una goma elástica atada por sus extremos, podemos retomar juegos de persecución, en la línea del planteado en la propuesta uno, asumiendo un camión el rol de perseguidor y huyendo los demás, desde las posibilidades que en este caso ofrece una situación motriz de colaboración-oposición.

La propuesta puede culminarse invitando a crear un gran camión en el que nos desplacemos todos los miembros del grupo, abanderando, de este modo, para el final de la clase, las opciones pedagógicas de una situación cooperativa que integre a todo el grupo.

> **5. Tiempo para pensar y jugar:** Colocamos varios aros y avanzamos de uno a otro siendo camiones que recorren un camino largo y pandas que van por un camino muy corto. Por parejas exploramos a continuación trayectorias y velocidades que permitan llegar simultáneamente o uno detrás del otro. Después dibujamos el camino que han seguido los camiones y el que siguen los niños. Y vinculamos la posibilidad de encuentro a la velocidad de desplazamiento.

El camión seguía trayectorias rectas, giraba después y volvía poco más abajo del punto de partida. Bajando por el bosque, en línea recta, los panda podrían alcanzarlo aún desplazándose mucho más lento.

Abrimos, a partir de ahí, caminos que tienen que ver con la percepción del espacio (fundamentalmente a través de la apreciación de trayectorias), del tiempo (desde las nociones de simultaneidad y sucesión en la llegada) y del espacio en relación con el tiempo (por medio de las modificaciones en la velocidad).

En nuestra propuesta los aros sirven de punto de referencia, a modo de vértices de las figuras geométricas que trazamos con el recorrido. Los alumnos comienzan a experimentar. Buscan trayectorias rectas entre dos aros como forma directa de avanzar de uno a otro y trayectorias curvas o zigzagueantes como modo indirecto de llegar. Podemos después invitar a que uno de los miembros de la pareja haga un recorrido pasando por varios aros y que su compañero lo observe, lo memorice y lo reproduzca, intercambiando, a continuación, los roles. Incluso podemos plantearlo a modo de reto: ¿De cuántos aros es el recorrido que somos capaces de memorizar y repetir? Con posterioridad podemos instar a salir dos personas de un mismo aro para llegar a otro a la vez, o en sucesión, siguiendo recorridos diferentes. La propuesta se puede combinar con la búsqueda de formas diversas de desplazamiento, la conducción o el bote de un móvil... La representación de los trayectos recorridos sobre un plano y la reflexión compartida sobre trayectorias y velocidades podrán culminar la propuesta.

En relación con el espacio, de la orientación espacial, unida a la percepción, nos moveremos hacia la estructuración espacial, que está vinculada a la representación mental del espacio vivenciado (Rigal, 2006). Procesos similares, que pasan por lo vivido, lo representado y lo integrado como cognición y como parámetro de acción extrapolable a nuevas situaciones, son los seguidos en lo que atañe a la temporalidad y las relaciones espacio-temporales.

> **6. Tiempo para pensar y dialogar:** ¿Cómo nos sentimos cuando tenemos una buena idea? ¿Y si un compañero tiene también una buena idea? ¿Qué podemos hacer cuando tenemos un problema que afecta a todo el grupo, y cada uno encuentra una solución?

Lu Shui, que no era quien habitualmente encontraba las mejores soluciones, había tenido una buena idea... Y se sentía muy bien. En ella se pueden ver reflejados los niños y niñas que forman parte de la mayoría silenciosa que, en ocasiones, se instala en el aula, y que vive con especial gratitud que su actuación sea reconocida como positiva por los demás. Este hecho se da en mayor medida cuando, de la idea aportada se puede beneficiar todo el grupo.

En conexión con esta consideración podemos, a partir de la situación planteada, propiciar el diálogo relativo al hecho que supone compartir una idea. Es común en niños de final de educación infantil y comienzo de primaria, que consideren la imitación por parte de un compañero como el hurto de una idea propia. "Me está copiando", suelen afirmar ofendidos. Instar a plantearnos en qué nos perjudica este hecho si los demás reconocen que hemos realizado una aportación valiosa y valorar como positivo que las otras personas puedan beneficiarse de algo que nosotros hemos hecho, desde parámetros de reciprocidad, estará en la base del progreso en el desarrollo moral.

Finalmente planteamos una situación que también resulta común: ¿qué podemos hacer si ante una situación que nos afecta a todos, tenemos ideas diferentes?

Y si la pregunta resulta ambigua, podemos acompañarla de su concreción en el cuento o en una situación de clase: ¿qué podrían hacer los osos si además de la idea de Lu Shui, algún otro panda hubiera tenido una buena idea? ¿qué podemos hacer si sugerimos pasar por un banco en grupos –conectando de este modo con la siguiente situación- y cada uno tenemos una idea diferente?

Estos interrogantes entroncan con un aspecto al que ya hemos aludido de forma tangencial: el egocentrismo propio del final de periodo preoperatorio y de comienzo del subperiodo de las operaciones concretas.

Desde la perspectiva de Piaget (1972) el egocentrismo no es el resultado de una actitud afectiva o de un criterio moral de actuación sino que tiene sus raíces en la incapacidad cognitiva para "descentrar" y tomar en consideración la perspectiva de los demás. De acuerdo con este hecho, el niño de 3 a 6-7 años parte de la idea de que su forma de percibir la realidad es la única posible. Pero, aunque la base cognitiva del egocentrismo, tal como la plantea Piaget, no ha sido cuestionada, no ha ocurrido lo mismo con el periodo de edad al que se atribuye. Investigadores del desarrollo infantil como Leighton (1992), partiendo del análisis de diferentes situaciones experimentales, han llegado a la conclusión de que antes de los 7 años los niños son capaces de "descentrar" y de tomar en consideración las perspectivas ajenas si se propician los cauces educativos adecuados para que esto ocurra.

Si ante una situación compartida, todos los alumnos puedan aportar sus ideas y ponerlas en práctica, las diferentes soluciones sugeridas por los distintos niños podrán ubicar el pensamiento propio como una opción dentro del universo de alternativas posibles, contribuyendo, de este modo a progresar hacia posiciones menos egocéntricas (Omeñaca, Puyuelo y Ruiz Omeñaca, 2001).

7. Tiempo para pensar, crear y jugar: En grupos, dibujamos nuestro puente, lo creamos, lo compartimos con otros grupos y probamos formas de pasarlo: podemos pasarlo solos, por parejas o por grupos, sobre un apoyo, sobre dos, sobre tres, sobre tres o cuatro contando los apoyos de dos personas... con los ojos abiertos, o cerrados, llevando objetos sobre nuestro cuerpo, llevando una cuerda agarrada que nos una al compañero... Y podemos compartir ideas sobre cómo pasar, porque tus ideas pueden ayudar a toda la clase... fíjate si lo que sabes es importante.

Para finalizar todo el grupo sube sobre un puente y tratamos de organizarnos en orden según el día en que nacimos sin que nadie se tenga que bajar del puente... Es muy importante que ayudemos a nuestros compañeros y que ellos nos ayuden para poder lograrlo.

Las posibles soluciones planteadas en la situación anterior pueden verse convertidas en acción a partir de esta situación pedagógica. Hay aquí espacio para compartir ideas, para explorarlas, para buscar alternativas en colaboración... Y se resalta desde la misma propuesta lo importante que resulta lo que uno sabe si además lo comparte.

En nuestro cuento los panda crean su puente para atravesar el río Yangse... Y para nosotros será una oportunidad estupenda desde la que podremos reproducir un espacio de aventura para, a partir de ahí, explorar contextos relacionados con el desarrollo del equilibrio en situaciones dinámicas.

La construcción del puente se convierte en una tarea cooperativa.

Con posterioridad, ante cada propuesta: desplazamiento individual, por parejas en contacto con el compañero, limitando el número de apoyos, llevando en equilibrio objetos sobre el cuerpo..., cabe la posibilidad de comenzar por explorar de forma verbal los elementos de variación. Así, ante el desplazamiento individual los alumnos podrán reparar en la posibilidad de modificar la posición corporal, la direccionalidad en el desplazamiento, la velocidad..., en el desplazamiento por parejas en contacto con el compañero podrán sumar sugerencias relacionadas con la variación en la parte del cuerpo con la que toman contacto, la posición en relación con la otra persona... en el desplazamiento limitando el número de apoyos podrán, de forma complementaria, buscar los modos de sumar el número establecido (uno sobre los dos pies y otro sobre un pie y una mano, por ejemplo), al llevar objetos sobre el cuerpo, se podrá variar además, la parte del cuerpo en la que se equilibra el objeto...

Después pasamos a propiciar un tiempo para la acción. Y de este modo iremos construyendo una sesión que se concibe en sus orígenes como un espacio inédito por explorar y por ir construyendo a tenor de lo que vaya ocurriendo en su seno.

No obstante, las propuestas sí mantienen un componente de progresión, desde la situación psicomotriz a la sociomotriz cooperativa, añadiendo después aspectos que generan mayor complejidad, como la limitación de apoyos, el hecho que supone llevar objetos en equilibrio o la privación sensorial.

Para terminar volveremos sobre una alternativa que hemos planteado de forma recurrente: cooperamos para ordenarnos sobre el puente sin que nadie caiga, abordando, de este modo un reto de carácter cooperativo, con un alto componente lúdico, que puede propiciar, de nuevo, un clima de inclusión y pertenencia.

La reflexión compartida sobre lo sucedido podrá servir de colofón a este espacio pedagógico.

> **8. Tiempo para pensar y dialogar:** Lu Shui se preocupó por Yuga y Linsay por recuperar el sombrero de Lu Shui ¿Es importante hacer cosas para que los demás se sientan bien? ¿Por qué? ¿Cómo nos sentimos cuando alguien hace algo por nosotros? ¿Por qué? ¿Y cuando hacemos algo por los demás? ¿Por qué?

En el contexto de la búsqueda de Yuga surge un problema: el sombrero de Lu Shui ha volado hasta un árbol. Lu Shui, más preocupada por Yuga que por sí misma, piensa que es mejor no perder ni un minuto y continuar buscando a su amigo. Linsay, sin embargo, entiende que el tiempo que se dedicará a recuperar el sombrero será poco... Y podrá hacer feliz a su hermana. Ambos muestran una actitud prosocial. La prosocialidad está en la base de los interrogantes que se plantean a continuación. Tratamos de profundizar en el hecho que supone hacer algo por otras personas desde una óptica ética e incidimos en los sentimientos y emociones que suscita en la persona que realiza la actuación prosocial y en aquella que es objeto de dicha actuación.

Esta propuesta conecta con otras previas y con el sentido general del cuento en el intento de abrir cauces hacia la reflexión sobre cuestiones de naturaleza moral ligadas a la actividad ludomotriz.

> **9. Tiempo para explorar y descubrir: saltos de osos.** Buscamos formas diferentes de desplazarnos y saltar y las compartimos con nuestros compañeros: ¿de qué formas podemos saltar para llegar muy alto? ¿Y para llegar muy lejos? Exploramos saltos cuesta arriba y cuesta abajo, saltos desde un lugar elevado, ¿somos capaces de crear varios saltos diferentes? ¿Cómo podemos saltar para caer dentro de un círculo dibujado en el suelo? ¿Qué saltos somos capaces de realizar agarrados de la mano de un compañero o de una compañera? ¿Y si lo intentamos todos juntos?...

Las propuestas que abrimos desde esta situación pretenden convertir la clase en una exploración de las posibilidades de salto, partiendo de situaciones problema de carácter abierto a partir del interrogante ¿de qué formas podemos...?

Las dos primeras nos llevan ante la búsqueda de alternativas para llegar muy alto y muy lejos. Conectando con lo hecho por Saholi en nuestro cuento, los alumnos encontrarán aquí un espacio para indagar en los modos de hacer que les permiten incidir en los elementos cuantitativos del salto. Habrán de buscar la adecuada intensidad y longitud de la carrera previa y de la forma de batida y, podrán enriquece su repertorio motor con la acción durante la fase aérea y el modo de caída. En cualquier caso, es preciso resaltar que el espacio que se abre es de exploración y autosuperación, no de competición entre personas.

En su conjunto, la alternativa metodológica divergente a la que remite la resolución de problemas, que sirve de eje didáctico en esta propuesta, posee un especial potencial como recurso pedagógico: permite desarrollar la capacidad cognitiva en relación con la acción motriz, convierte al alumno en un creador de movimiento, propicia la actuación libre y responsable, involucra a cada persona en un proceso tendente a buscar opciones creativas, permite compartir las ideas de cada alumno enriqueciendo, de este modo, el caudal del que dispone el grupo, y es susceptible de promover la actuación cooperativa entre los miembros de la clase.

En relación con estos aspectos, poseen especial valor las estrategias de colaboración dentro de situaciones problema abiertas cuya solución implique de forma coordinada e interdependiente a todas las personas y que sea susceptible de provocar múltiples soluciones, dando pie a la actividad cognitiva y a la creatividad.

Ahora bien, como señalábamos, la resolución de problemas no nos aleja de la posibilidad de plantearnos algunos interrogantes en la búsqueda de sentido en relación con lo que hacemos como maestros. Así es preciso cuestionarnos sobre aspectos como estos: ¿Se adecuan los interrogantes sobre la situación problema a las singularidades del grupo y de sus integrantes? ¿Se orienta al alumno hacia lo relevante? ¿Se acepta cualquier tipo de respuesta? ¿Se crean entornos inclusivos? ¿Se establecen derivaciones singularizadas a partir de cada propuesta? ¿Son valoradas las respuestas teniendo en cuenta las singularidades que atesora la persona que las pone en juego?...

Tal vez un ejemplo pueda resultar más revelador. La situación problema: ¿cómo podemos saltar para caer dentro de un círculo dibujado en el suelo? Puede presentarse de forma común para todos los alumnos, resultar motivadora para todos ellos y propiciar aprendizajes significativos. Pero también puede no ser relevante desde la óptica motivacional para algunos y puede no crear zonas de desarrollo próximo entre varios de los alumnos. Puede convertirse en un marco de acción compartida tendente a buscar soluciones útiles para todos, o puede originar comportamientos egocéntricos así como la apropiación en exclusiva de las soluciones puesta en juego por cada uno. Puede suscitar la aceptación de las respuestas de todos los alumnos o puede valorarse una respuesta en mayor medida porque quien la ha proporcionado ejerce papel de liderazgo dentro del grupo, perpetuando así estructuras de poder, dentro de clase, escasamente éticas. Y ante el clima de mayor libertad en el que se suelen desarrollar las situaciones-problema, algunos alumnos pueden tender a hacer lo que ya saben, máxime cuando el resultado de sus acciones tiene un carácter público ante los compañeros de actividad y está en juego la autoestima, mientras otros pueden explorar formas incipientes y progresivamente más complejas de movimiento y alternativas de acción creativas.

Cabe, para orientar las opciones positivas dentro de esas dicotomías, mantener diferentes grados de dificultad para los distintos alumnos o microgrupos existentes en el aula y para ello podemos introducir modificaciones en el material utilizado, por ejemplo, saltando desde el suelo, desde un banco... Pueden modificarse los espacios de caída dibujando círculos más o menos amplios... Bajo estos parámetros, desde una propuesta inicial inclusiva se puede avanzar a través de derivaciones singularizadas. Y se puede, también, avanzar por el terreno de la libertad de elección del alumno, en uno o varios de estos aspectos, desde el paralelismo con el estilo de inclusión (Mosston y Ashworth, 1993).

Además, dentro de todas estas opciones, es importante valorar las aportaciones de cada alumno por lo que representan de progreso personal, así como promover la acción compartida y la enseñanza entre iguales en un clima de apoyo recíproco y de actuación comunitaria, frente a una orientación de la práctica hacia el trabajo individual, exento de comunicación y de cualquier atisbo de preocupación por los otros.

De este modo, la resolución de problemas sí poseerá buena parte de las claves que le permiten ser coherente con un modelo humanizador de Educación Física.

En cualquier caso, estas consideraciones no nos llevan a un camino de duda permanente pero sí nos obligan a tener en cuenta la importancia de interrogarse sobre el trasfondo de cada estilo de enseñanza y sobre las consecuencias de su singular puesta en práctica (Tinning, 1992). En última instancia, en relación con las cuestiones metodológicas, no se trata tanto de buscar qué se hace sino por qué y para qué se hace (López Pastor, 2002). Y es preciso recordar que las decisiones sobre estilos de enseñanza son también decisiones morales.

> **10. Tiempo para pensar y dialogar.** Feng y Xù Rì, habían vivido un conflicto. ¿A nosotros nos ha pasado alguna vez? ¿Y cómo nos sentimos? ¿Qué podemos hacer para resolver un conflicto? ¿Qué soluciones son buenas? ¿Y cuáles no lo son?

Partimos del conflicto vivido por Feng y Xú Rí. Y resaltamos su capacidad para resolverlo de forma pacífica. A partir de ahí tratamos de ahondar en éste que es un elemento clave desde una perspectiva de educación para la vida, en el que nuestra área curricular posee importantes potencialidades. A través de los interrogantes planteados trataremos de identificar emociones y sentimientos que suelen

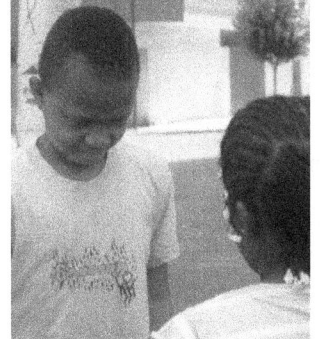

converger en situaciones conflictivas, tratando, como en otras ocasiones, de buscar cauces de expresión positiva, estableceremos un esquema que a modo de carta de navegación nos ayude a abordar el conflicto de forma dialógica pasando por la creación de un clima emocional adecuado, la exposición del conflicto por las partes implicadas, la búsqueda de un acuerdo sobre lo sucedido, el planteamiento y elección de soluciones y su puesta en práctica. Y nos centraremos en las alternativas ligadas a la negociación y la colaboración como opciones válidas frente a las relacionadas con imponer, ceder, o eludir[3].

No obstante esta situación tendrá valor como detonante, o, en su caso, como una tesela más dentro de un amplio mosaico de acciones, dentro de una intervención didáctica que ha de impregnar transversalmente la práctica educativa escolar con el fin de contribuir a que los alumnos sean capaces de afrontar el conflicto de forma pacífica y constructiva.

---

[3] Aportamos más información sobre la resolución de conflictos en el contexto de nuestra área curricular en los libros "Pedagogía de los valores en la educación física" (Ruiz Omeñaca, 2004) y "La Resolución de los conflictos en y a través de la educación física" (Fraile, López Pastor, Ruiz Omeñaca y Velázquez Callado, 2008). Ambas publicaciones aparecen citadas en la bibliografía.

> **11. Tiempo para pensar y jugar... Con una cuerda.** ¿De qué formas podemos desplazarnos sin soltar la cuerda que nos une a nuestro compañero? ¿Y si sujetamos la cuerda en el elástico del pantalón? ¿Cómo podemos conseguir que la cuerda no se suelte: vamos cerca o lejos, hacia el mismo lado o hacia lados diferentes...?... Nos movemos por los espacios del bosque (bien avanzando por un espacio natural o bien creamos un circuito con colchonetas, conos, espalderas...).

Planteamos de nuevo aquí una situación problema, que reúne los ingredientes pedagógicos atesorados por esta opción pedagógica.

Los interrogantes instan, por un lado, a buscar formas de desplazamiento, desde las que ahondamos en el desarrollo de la coordinación locomotriz, y, por otro, a mantener la distancia con el compañero, circunstancia en la que un correcto ajuste espacial, poseerán especial relevancia.

De forma complementaria, es preciso establecer un buen grado de cooperación, coordinando las acciones con el compañero.

La propuesta puede verse enriquecida por su realización en un contexto natural, o por la creación de un espacio de aventura que nutra abundantes posibilidades de acción motriz.

Conviene no llevar agarrada la cuerda con fuerza y, por supuesto, no atarla, para evitar accidentes. Es por ello que llevarla sujeta sólo con el elástico del pantalón sea una buena solución.

Finalmente, es común que las primeras acciones lleven a que la cuerda se suelte de forma reiterada, especialmente si alguno de los miembros de la pareja actúa de forma impulsiva. Conviene en ese caso invitar a pensar en qué hemos hecho bien y qué podemos mejorar. Las claves suelen ir ligadas casi siempre a dos aspectos: misma dirección, misma velocidad de desplazamiento.

> **12. Tiempo para reflexionar.**
> A veces necesitamos ayuda. Y encontramos a personas dispuesta a ayudarnos. ¿Cómo nos sentimos cuando ayudamos? ¿Y cuando nos ayudan? ¿Qué podemos hacer cuando nos ayudan? ¿Por qué está bien ayudar?

La ayuda es una de las primeras actuaciones prosociales que pueden poner en juego los niños y niñas. A partir de la situación propiciada por el cuento podemos tratar de promover la reflexión sobre las emociones y sentimientos que convergen en nosotros cuando brindamos y recibimos ayuda, sobre la actitud de agradecimiento ante la ayuda recibida y sobre el sentido ético de la propia acción de ayudar. Propiciaremos, de este modo, un clima de atención recíproca y de asistencia al compañero, cuando éste lo necesita. E incidiremos en los elementos que vertebran una moral de cuidado.

> **13. Tiempo para explorar y jugar… Desplazándonos entre charcos.**
> Colocamos diferentes objetos por el espacio (colchonetas, aros…), que serán los charcos de nuestro juego. Buscamos formas de desplazarnos muy rápido sin pisar ninguno de los charcos de barro… Después lo intentamos en grupos de dos y de cuatro mientras nos mantenemos en fila, a poca distancia y siguiendo el recorrido que hace el primero… Por supuesto, nos vamos turnando en esa posición.

Las marmitas de chocolate no eran tal chocolate, sino charcos de barro. A partir de esta nueva situación, tratamos de que los alumnos busquen alternativas de carrera, ajustando su acción al espacio con el que interactúan, lo que conlleva combinar el desplazamiento con cambios de dirección y saltos y reaccionar con rapidez a los diferentes obstáculos con los que se van encontrando.

La coordinación locomotriz y la velocidad de reacción ante estímulos visuales, convergen en el seno de esta situación lúdica. La acción puede ir precedida de la visualización del espacio y la selección del recorrido que se va a realizar.

Es frecuente que los niños encuentren un estímulo especial en desplazamientos de este tipo. Por otro lado, la situación abordada individualmente, puede propiciar un contexto en el que nadie sienta que se le está comparando con otra persona, hecho que sí se daría en una situación interactiva de competición. Este hecho unido a la distribución del material de modo que se puedan realizar recorridos más o menos complejos, convertirá esta propuesta en una situación inclusiva.

A partir de ahí, como en otras ocasiones, evolucionamos desde la situación psicomotriz hasta la sociomotriz con una lógica interna cooperativa: varios alumnos avanzando por el espacio de aventura mientras se mantienen en fila y ajustan el desplazamiento desde la perspectiva espacio-temporal, con el fin de mantener la distancia. Esta propuesta puede complementarse con otras como avanzar todo el grupo simultáneamente, buscando recorridos que se adecuen a sus integrantes y sincronizando el momento de llegada.

14. **Tiempo para pensar y dialogar.** Liu vio triste a Lu Shui. Y trató de consolarla. ¿Está bien lo que hizo? ¿Por qué? ¿Cómo nos sentimos cuando vemos triste a un amigo? ¿Qué hacemos entonces? ¿Y qué nos gusta que nos hagan cuando nosotros estamos tristes?

La empatía, entendida como emoción resultante de los sentimientos vividos por otra persona, congruente con éstos, que subyace a otras situaciones prosociales que se dan en el cuento, y ante las que hemos hecho una parada en propuestas anteriores, se convierte aquí en centro sobre el que gravita esta propuesta.

El sentimiento de tristeza de Lu Shui es, en este caso, el punto de partida, pero podía serlo cualquier otro. A partir de ahí nos centramos en vivencias y acciones que denotan la emoción empática.

Se da aquí, por otro lado, una alusión implícita a la moral de cuidado, que junto con la de justicia, con la que mantiene en mayor grado una relación complementaria que de antagonismo, configuran la base del universo ético que nos sirve de referencia (Katz, Noddings y Strike, 2002).

En un mundo sometido, a veces, al individualismo competitivo y a la escasa asistencia al otro, en el que frecuentemente parece invitársenos a ocuparnos exclusivamente de lo nuestro, consideramos fundamental que se preste atención a la empatía como substrato que enriquece la vida social.

La interiorización de una estructura moral prosocial que conlleva el compromiso sin mediar premios o sanciones externas (Hoffman, 2002) y la actuación consecuente con este compromiso se convertirán en el horizonte hacia el que desde una óptica teleológica tratamos de navegar en propuestas como la que aquí presentamos.

> **15. Tiempo para pensar y jugar.** Con goma elástica creamos el laberinto de la hiedra y la madreselva. Y tratamos de pasar por él sin tocarlo. Podemos buscar huecos diferentes, desplazarnos llevando un objeto que tampoco puede tocar el laberinto, avanzar en contacto con algún compañero, llevar un saquito de arena sobre nuestro cuerpo y si se nos cae, esperar a que alguien nos lo vuelva a colocar...

A partir del contexto creado por el cuento, los alumnos exploran modos de atravesar el laberinto, situación que incide en el desarrollo del esquema corporal a través del control tónico postural y segmentario. Es preciso, en este caso, ejercer un control consciente sobre el movimiento corporal ajustándolo a partir de la información exteroceptiva y propioceptiva, mientras se atraviesa el espacio de juego.

Como en otras ocasiones, podemos avanzar desde esta situación psicomotriz hasta otra sociomotriz cooperativa, instando a pasar en contacto con un compañero. También es posible añadir elementos que generan una mayor dificultad, como llevar un saquito de arena sobre el cuerpo, con lo que la implicación del control tónico postural, será más acentuada.

El establecimiento de relaciones de ayuda proporcionando información a los compañeros que atraviesan el laberinto, podrá convertir el contexto del juego en un marco para las relaciones colaborativas dentro del grupo.

> **16. Tiempo para pensar y dialogar.** Los ositos estaban muy contentos. ¿Cómo nos sentimos cuando hacemos algo que pensábamos que no éramos capaces de hacer? ¿Por qué? ¿Y cuando vemos a un compañero hacer algo bien? ¿Por qué?

Los osos panda han sido capaces de atravesar un espacio cargado de dificultades y se sienten felices. Este hecho constituye una metáfora de continuas situaciones a las que nos exponemos maestros y alumnos y a partir de las cuales descubrimos y redescubrimos nuestro auténtico potencial, y avanzamos rebasando límites que nos parecían infranqueables. En conexión con este hecho, tratamos de reparar, desde el primer interrogante, en las emociones y sentimientos que nos deparan nuestros logros, máxime cuando son inesperados.

Los procesos de atribución interna ante situaciones de éxito, que consideran éste como consecuencia del esfuerzo personal, o de la propia capacidad, unidos a la autoestima, relacionada con la evaluación de la propia valía personal y a los sentimientos consecuentes que dicha evaluación suscita, y la subsiguiente elaboración de un autoconcepto positivo, relacionado con la percepción de nuestras propias capacidades, creencias, actitudes e intereses., son los aspectos que permean a esta propuesta.

No obstante, de forma complementaria, hemos de ser conscientes de que el autoconcepto y la autoestima se desarrollan desde la actividad global de alumno y es desde ella desde donde debemos prestar atención a estos aspectos. Poner especial cuidado en la regulación constructiva de las interacciones sociales que mantiene el niño, proporcionarle información realista sobre sus capacidades y sobre los senderos que avanzan hacia su mejora, ofrecerle referencias claras en el terreno axiológico, reforzar los modos de hacer éticos o proporcionar feedback en relación con su modo de actuación en el ámbito de la convivencia interpersonal, son algunos de los aspectos que no deben desvincularse de las actividades que a continuación ofrecemos. De no ser así, estas actividades quedarán como elementos aislados de la realidad personal de cada alumno y tendrán escasa o nula incidencia en el proceso educativo orientado hacia la propia realización personal y hacia la educación en el ámbito moral (Ruiz Omeñaca, 2004).

La alegría empática por los logros ajenos –algo a lo que se nos invita con escasa frecuencia- aparece como referente para el diálogo, a modo de corolario, a partir del segundo de los interrogantes recogido en la propuesta y de la indagación en los razonamientos con los que los alumnos complementa su respuesta.

17. Tiempo para crear y jugar. Ahora nos toca a nosotros. Podemos inventar nuevas aventuras de los osos en el bosque, antes de llegar a alcanzar el camión donde llevaban a Yuga... Y las podemos jugar.

La invitación a los alumnos para que se consideren coautores de una historia inacabada, que se va construyendo día a día, puede abrir cauces para el pensamiento creativo, para la exploración, para la búsqueda de ideas inéditas, para compartir, para construir de forma cooperativa.

Las aventuras ideadas por los niños, pueden, en consecuencia, convertirse en un nuevo acontecimiento, valioso por si mismo, y generador, por otro lado, de oportunidades de aprendizaje, dentro de la clase de educación física.

> **18. Tiempo para pensar, compartir y jugar.** Jugamos a acercarnos a la jaula sin hacer ruido. ¿De qué formas podemos avanzar sin que se nos oiga?... Pero, cuidado, porque si nos escucha el hombre del gran bigote, o el que no tenía bigote lo pasaremos muy mal.

Partiendo de lo acontecido en el propio cuento, planteamos un juego que desde una óptica praxiológica está marcado por una situación motriz de oposición, uno contra todos.

En pequeños grupos una de las personas se ubica dentro de un círculo mientras mantiene sus ojos tapados. El resto de los jugadores ha de avanzar hasta entrar en el círculo sin ser oídos por quien los vigila. El vigilante señala a quienes han hecho ruido y éstos quedan paralizados durante unos segundos. El juego termina si todos los jugadores coinciden paralizados o si todos ellos llegan hasta el círculo. A partir de ahí se van cambiando los roles.

Podemos limitar el número de errores que puede cometer el vigilante al señalar, para evitar la tendencia, que se da en algunos alumnos, a cubrir todas las posibilidades señalando continuamente en diferentes direcciones... Pero también podemos demandar responsabilidad y mostrar nuestras expectativas de cumplimiento de las normas y nuestra confianza en que el vigilante sólo señalará cuando escuche a alguien desplazarse. Este clima de compromiso y confianza está en la base de una relación constructiva dentro del grupo y es preciso construirla día a día.

Por otro lado, dado que el juego se desarrolla en pequeños grupos, conviene que éstos estén ligeramente distantes entre sí.

La percepción auditiva, por un lado y el control postural y segmentario, por otro, constituirán los referentes desde la óptica del desarrollo perceptivo y motor en esta situación lúdica.

> **19. Tiempo para jugar. "Rescatando a Yuga".**
>
> En la jaula está Yuga tumbado. Dentro de ella y sin poder salir, vigilan sus raptores. Los osos entran a la jaula y tratan de arrastrar a Yuga fuera. Si los raptores tocan a un oso dentro de la jaula el oso se tumba hasta que otro oso lo rescate tirando de él para sacarlo. ¿Lograrán los osos salvar a Yuga? ¿O acabaran todos capturados por los malvados raptores?

Rescatando a Yuga es el nombre que, en el contexto del cuento, hemos dado a u juego que practicamos en clase con relativa frecuencia.

Delimitamos un espacio cuadrado. Dentro del él se sitúa un niño tumbado, que asume el rol de Yuga. Y también dentro del cuadrado y sin salir de él se ubican los dos raptores. El resto de los jugadores se distribuyen fuera del cuadrado. Han de coordinar sus acciones para lograr entrar y arrastrar a su compañero preso, fuera de este espacio. Si los raptores tocan a cualquier jugador dentro del cuadrado, éste habrá de tumbarse y deberá ser también rescatado por sus compañeros. La situación lúdica termina con todos los jugadores libres, o con todos ellos hechos prisioneros.

El juego se puede enriquecer incluyendo elementos de variación en las dimensiones y forma del espacio de juego, en el número de jugadores que forman parte de cada uno de los grupos, en la existencia de roles complementarios, como el de un raptor que puede salir del cuadrado o la presencia de una isla dentro del cuadrado en la que no se puede capturar...

En cualquier caso, en su versión inicial, el juego nos remite a una situación sociomotriz con colaboración y oposición, marcada por un duelo disimétrico (Lagardera y Lavega, 2003; pg. 106), en la medida en que los contrincantes asumen diferentes roles y poseen distintos efectivos.

La dinámica que el juego genera nos remite a la importancia de desarrollar una buena estrategia de actuación, tanto por parte de quienes tratan de salvar a sus compañeros como de quienes tratan de capturarlos. Dispersarse alrededor del cuadrado o sobrecargar algunas líneas, seleccionar el momento de entrada en función de la posición de los defensores o de acuerdo de un plan preestablecido que lleva a alternar o a simultanear salidas, salir por individual o por parejas para facilitar el hecho que supone arrastrar al compañero preso fuera del cuadrado, son algunas de las opciones de quienes intentan rescatar a Yuga. Y tratar de cubrir el mayor espacio posible, estar próximo al jugador preso, adoptando una estrategia más conservadora, o moverse por un espacio más amplio, con lo que se asumen más riesgos con el fin de decantar la balanza hacia el hecho que supone capturar a más jugadores, son algunas de las opciones para los defensores... Y a partir de ahí será necesario ir ajustando en función del propio devenir de la situación ludomotriz.

La presencia constante de redes estables de comunicación y contracomunicación motriz estarán en la base de la posibilidad de resolver con éxito la situación.

Por otro lado, en torno al juego podrán establecerse ciclos de reflexión acción que permitan compartir estrategias y valorar el devenir de la propia actividad desde una óptica socioafectiva, en la línea de lo reseñado unas páginas atrás.

También puede ser interesante repetir el juego con cambios en los roles de modo que todos los alumnos puedan probar su participación en los diferentes roles a los que remite la actividad lúdica.

No obstante, es preciso resaltar que la situación suele ser vivida por los alumnos con un importante componente lúdico al que no hemos de renunciar. El placer de jugar juntos, el carácter autotélico y la magia que envuelve al juego podrán convertir el espacio-tiempo propio de esta actividad ludomotriz en un marco singularmente válido para la recreación.

> **20. Tiempo para jugar. "Abrazos de oso".**
>
> Suena la música y nos desplazamos a su ritmo, solos, por parejas o por grupos. Cuando para, nos damos grandes abrazos de oso con quien nos encontremos: abrazos que no hacen daño, abrazos muy cariñosos, abrazos de dos, de tres y de cuatro osos... y podemos acabar con un gran abrazo en el que participen todos los osos de la clase.

Hemos logrado rescatar a Yuga... Y es lógico que estemos contentos, como lo están los osos panda de nuestro cuento.

A partir de esta situación, presentamos, en este caso, un juego sociomotor de cooperación, en el que el movimiento rítmico, la expresión y comunicación corporal y la apertura hacia la manifestación de emociones y sentimientos positivos se convierten en sus rasgos definitorios más evidentes.

> **21. RETORNANDO: UN DESAFÍO COOPERATIVO**
>
> Para regresar habremos de atravesar, de nuevo, el laberinto, la pradera de las marmitas de chocolate, el río Yangtze... Pero es preciso hacerlo de tal forma que todos lleguemos antes de que anochezca y sin perder los tarros de miel por el camino... Recordad, sólo sirve que lleguemos todos, con nuestros tarros de miel y antes de que anochezca. Disponemos de 15 minutos desde el momento en que comencemos. ¿Seremos capaces de lograrlo?

El intento de proveer alternativas cooperativas comprometidas con la idiosincrasia propia de nuestra área curricular, dentro de una opción pedagógica que, por otro lado, es relativamente reciente en nuestras escuelas, ha llevado a la búsqueda de nuevas opciones.

Entroncando con este hecho, la última de las situaciones motrices que presentamos en este cuento motor nos ubica ante un desafío físico cooperativo. El sentido de reto, en realidad, ha estado implícito en algunas de las propuestas dotadas un sistema praxiológico interactivo de cooperación que hemos presentado a lo largo de este cuento. Incluso el propio cuento sirve como desafío cooperativo que opera a modo de telón de fondo. Pero esta última propuesta recoge los ingredientes que se combinan en la alquimia del desafío motor cooperativo.

Básicamente se trata, tal como los define Carlos Velázquez (2003), de "una actividad física cooperativa de objetivo cuantificable ambientada en un entorno fantástico de aventura y planteada en forma de reto colectivo donde el grupo debe resolver un determinado problema de solución múltiple adaptando sus acciones a las características individuales de todos y cada uno de los participantes".

Las características propias de esta opción educativa aluden a que (Vaquero y Velázquez, 2004; Fernández-Río y Velázquez, 2005):

- Parte de la recreación de un ambiente de "aventura y acción".

- Los alumnos trabajan en grupos heterogéneos (en edad, género, intereses, experiencias previas...).

- Es necesario un procesamiento grupal de la información disponible para superar el reto implícito en el desafío.

- Existe un riesgo verdadero y un "riesgo subjetivo" que el alumno ha de abordar.

- El desafío sólo es superado cuando el logro es alcanzado por todos y cada uno de los participantes.

- Cada desafío tiene múltiples soluciones.

- Se pone énfasis en el proceso.

- Compromete la puesta en juego de diferentes capacidades del ámbito motor desde una alternativa globalizadora de la acción motriz.

- Es necesaria la interacción directa entre los participantes.

- Al igual que en los juegos cooperativos y en la metodología de aprendizaje cooperativo, debe haber una responsabilidad individual para cada persona, dentro de un contexto de responsabilidad colectiva y compartida.

Entre las ventajas que estos autores atribuyen al contexto pedagógico que crea cada desafío físico cooperativo, cabe destacar que:

- Permite el trabajo de alumnos con capacidades diversas.

- Ofrece posibilidades para la participación de alumnos con necesidades educativas especiales.

- Promueve el desarrollo de habilidades sociales.

- Desarrolla la creatividad y el pensamiento lateral.

- Educa para la autonomía y la emancipación tanto de cada alumno como del grupo.

- Permite percibir que el trabajo grupal desarrollado cooperativamente propia resultados mejores que el trabajo individual.

- Convierte a los alumnos en protagonistas de su propio aprendizaje y en copartícipes del de sus compañeros.
- No requiere materiales especialmente difíciles de encontrar.

Por otro lado, los desafíos llevan implícito un importante componente de reto colectivo. Y éste, en muchas ocasiones, está en la base de la motivación (Gala y Marugán, 2006).

En otro orden de cosas, el que permita el trabajo de alumnos con capacidades diversas contribuye a su adecuación a todo tipo de contextos, incluidos los altamente heterogéneos y permitiendo, asimismo, la participación constructiva de alumnos con necesidades específicas de apoyo educativo.

También resulta especialmente importante que la búsqueda de opciones de actuación implique a todo el grupo en el intento de hallar caminos a cada uno de sus miembros. Si el continuo que, en torno a estos desafíos, plantea Velázquez (2003) a través del "siente – piensa – comparte – actúa", lo hacemos extensivo a cada miembro del grupo y lo unimos a la necesidad de llegar a un acuerdo desde un previo procesamiento colectivo de la información, no cabe iniciar una acción ante el propio desafío si no se han encontrado opciones de participación para todos los componentes del grupo. Y este hecho vuelve a ser importante en grupos dotados de un alto grado de heterogeneidad.

Hay un elemento que también creemos importante, en esta opción educativa, en relación con su puesta en práctica en el seno de este cuento motor. Habitualmente, los niños experimentan la motricidad de una forma global, desde acciones que les ponen en relación con los otros y con el entorno. Y una de las características a las que se ha hecho referencia en relación con los desafíos cooperativos alude a que, desde cada uno de ellos, se propicia la puesta en juego de capacidades diversas del ámbito motor. En este caso no estamos centrados, como consecuencia, en una u otra capacidad, sino que es la motricidad, desde una óptica global, la que entra en juego, en conexión con lo que acontece con los alumnos, fuera de las puertas de la escuela.

Por lo demás aparecen aquí constantes que se mantienen como especialmente relevantes dentro de una cultura democrática de la educación física. Constantes que se refieren a la autonomía como camino hacia la emancipación, el pensamiento creativo, la interacción social constructiva, la prosocialidad...

En relación con el modo de crear desafíos adecuados a cada contexto, es preciso tener en cuenta para su diseño:

- Los aprendizajes previos de los alumnos.
- Los elementos que resultan motivadores para cada uno de ellos.
- La estructura y la dinámica del grupo.
- Los espacios y materiales con los que contamos.

Tomando en cuenta estas consideraciones, la propuesta de desafío implícita en esta actividad es, como lo han sido todas las demás, susceptibles de adecuación y cambio.

El planteamiento inicial puede ser sencillo: hemos optado por una ruta de retorno que permite a los osos volver por el camino recorrido en su búsqueda de Yuga... Pero bien se puede retornar por otra diferente, adecuado a las características de las personas y de los grupos con los que compartimos este cuento.

En cualquier caso, el laberinto, las marmitas de chocolate, que no era chocolate, sino barro, y el río Yangsé, son nuestras referencias... Sin olvidar que entre todos hemos de avanzar con los tarros de miel. Y además el reto nos lleva a tratar de que todos lleguemos antes del anochecer, estableciendo el límite temporal en 15 minutos.

Presentamos el desafío... Y nos hallaremos ante alumnos impulsivos, que se lanzarán a actuar y ante otros que precederán su participación de una actitud mucho más reflexiva. Conviene ante este hecho que clarifiquemos la propuesta: ¡no olvidéis que no se trata de llegar el primero! ¡Sólo nos sirve llegar todos!

Conectando con el "siente-piensa-comparte-actúa" al que unas líneas más arriba aludíamos en relación con la propuesta de Carlos Velázquez podemos proveer un mapa de actuación, que nos servirá ante todo desafío físico cooperativo al que nos enfrentemos:

CÓMO SUPERAR UN DESAFÍO COOPERATIVO	
1.	¡Tranqui, mejor si no te lanzas a correr!... Primero pensamos en lo que vamos a hacer.
2.	Ahora compartimos nuestras ideas... Y no olvidamos que las que tienen los demás también son importantes y nos pueden ayudar.
3.	Llegamos a un acuerdo sobre cómo podemos lograr que todos superemos el reto... Recuerda ¡ha de servir para todos!
4.	Nos ponemos en marcha.
5.	Ayudamos a quien lo necesita... Y pedimos ayuda si somos nosotros quienes la necesitamos.
6.	Si surge dificultades pensamos cómo resolverlas y volvemos a decidir entre todos.
7.	Y superado el desafío valoramos cómo lo hemos hecho.
... No es que sea fácil lo que hemos hecho... Es que somos personas estupendas en un grupo estupendo.	

Y desde ahí nos moveremos por situaciones ya abordadas a lo largo del cuento, sólo que ahora están integradas en un reto de carácter colectivo.

Podría considerarse esta propuesta como una tarea relacionada con la evaluación final y atribuírsele una finalidad sumativa, confiriéndole valor como reflexión retrospectiva en relación con cómo se ha desarrollado el proceso y a qué resultados ha conducido.

En nuestro caso, consideramos que este componente reflexivo relacionado con la evaluación ha de estar implícito en ésta y en todas las demás situaciones a las que nos remite el cuento. En cualquier caso, el modo en que se desenvuelven los alumnos en este desafío, sí nos puede ofrecer pistas relativas a cómo va progresando cada persona en el dominio de su corporeidad y su motricidad, y proporcionarnos referencias relativas a cómo dialogan, acuerdan, defienden de forma asertiva sus derechos, son sensibles a los que asisten a los demás... Sin olvidar, no obstante, que nos encontramos ante una situación que sigue manteniendo una orientación pedagógica y que puede propiciar progresos en las personas con las que compartimos la clase. Con esta vocación está definida.

> **22. TIEMPO PARA PENSAR Y DIALOGAR**
>
> Las cosas que hacemos ¿sólo nos afectan a nosotros, o, a veces también a los demás? Las consecuencias de lo que hacen Takú y Yè Xí ¿afectan a Yuga? ¿Y a los amigos de Yuga? ¿Y a la familia de Yuga? ¿Es justo lo que propuso el juez? ¿Por qué? ¿Y lo que propuso la jueza de paz y buena voluntad? ¿Por qué? ¿Cuál de las dos propuestas creéis que es mejor? ¿Por qué? Si hacemos algo que perjudica a los demás ¿qué podemos hacer para remediarlo?

Lo que han hecho Takú y Yè Xí ha suscitado consecuencia negativas sobre toda la comunidad de osos.

Nuestros actos, los de todas las personas, deparan consecuencias en quienes viven alrededor. Y es preciso que los alumnos comiencen a tomar conciencia de este hecho.

En relación con lo sucedido, el juez llegado de la ciudad ha dictado una sentencia que tiene carácter punitivo. La jueza de paz y buena voluntad, ha planteado una sentencia en la que los dos raptores han de resarcir a Yuga y a la Comunidad de Pandas del daño infringido.

Bajo estas alternativas subyacen planteamientos que remiten a toda situación que se aleja de formas éticas de convivencia. Ante ellos juega un papel fundamental el modelo de ejercicio de la disciplina que se pone en juego dentro del grupo. En este sentido existen, básicamente, dos alternativas: la afirmación de poder y la inducción (Jansens, 2001).

La afirmación de poder se orienta a través de estrategias tales como el castigo o la privación de prerrogativas. Ante esta alternativa disciplinaria se establece un planteamiento claro en cuanto a lo que se puede o no hacer, en relación con las consecuencias que la actuación va a deparar. Takú y Yè Xí han capturado a Yuga y, como consecuencia, han de permanecer en prisión un periodo de tiempo. Estableciendo un paralelismo un alumno que realiza una actuación disruptiva, se ve privado de la posibilidad de participar en una actividad, o es retirado del grupo durante un periodo de tiempo. La afirmación de poder puede suscitar actitudes que, pasan por el establecimiento de una relación unívoca entre acto y consecuencia, y van desde la sumisión hasta la disposición para poner en juego nuevos comportamientos disruptivos. Pero, en cualquier caso, esta alternativa no suscita la internalización de principios morales.

La inducción, por su parte, se basa en la explicación de las razones por las que se pide una modificación en la conducta del alumno. La invitación a ponerse en el lugar del otro, cuando de la propia acción personal deriva un perjuicio para los demás, la reflexión situada a niveles próximos al propio desarrollo moral del alumno en relación con las consecuencias que para la víctima ha deparado dicha actuación, o la justificación de la norma no observada por el alumno desde la perspectiva de su contribución al desarrollo de unas relaciones humanas más ricas y estables, forman parte el conjunto de procedimientos integrados en la alternativa disciplinaria inductiva. A ella, es preciso que se sumen la propia disculpa con el otro o con los otros, así como la realización de acciones tendentes a reparar el daño realizado.

Como consecuencia, el alumno puede comprender la relación existente entre su forma de actuar y el estado físico o psicológico de la víctima, para, a partir de ahí, desarrollar una mayor internalización de los principios éticos en los que se basa la convivencia (Jansens, 2001; pg. 21).

La actuación de Saholi ante los raptores, unida a la decisión de la jueza de paz y buena voluntad se inscribe, en el cuento, dentro de esta dirección. Y en una situación disruptiva en clase, como puede ser una agresión verbal, instar a ponerse en el lugar del otro, conectar empáticamente con sus emociones y sentimientos, disculparse y resarcir del daño realizado, haciendo algo por la otra persona comparten esta misma ruta de resolución.

Los interrogantes planteados a los alumnos y el hecho que supone indagar en el por qué de cada respuesta compartida con los compañeros, puede abrir un espacio muy rico para el desarrollo moral, contribuyendo a crear un clima de compromiso ético, dentro del grupo.

23. TIEMPO PARA PENSAR Y DIALOGAR

¿Te ha gustado esta historia? ¿Qué hemos aprendido a lo largo de estos días? ¿Os gustaría participar en más cuentos para jugar? ¿Y si creamos uno entre todos?

Nuestra historia toca a su fin. Y es momento de evaluarla de forma compartida. Lo hacemos desde la perspectiva del atractivo que los alumnos han encontrado en ella y desde la óptica de los aprendizajes adquiridos por parte de quienes integramos el grupo.

También es momento de avanzar la posibilidad de participar, más adelante, en un nuevo cuento motor... Incluso podemos abrir una nueva ruta por la de navegar, la de crear un cuento de forma cooperativa dentro del grupo.

6. EVALUAR PARA MEJORAR

Como punto de partida, en el proceso de evaluación nuestro referente estará marcado por los siguientes principios (Ruiz Omeñaca, 2006):

- **Integrar la evaluación dentro de la propia actividad educativa.**

La consideración de la evaluación como proceso de reflexión y mejora de la práctica educativa nos lleva a ubicar ésta en el espacio de la propia actividad de clase, con factor que lejos de interferir en ella, proporciona continuamente elementos de realimentación del proceso educativo.

- **Realizar la evaluación con una finalidad esencialmente formativa.**

El carácter formativo de la evaluación vuelve a vincularla al devenir diario de las clases en coherencia con la necesidad de proveer, desde ella, medios para el análisis, la comprensión y el perfeccionamiento del proceso didáctico.

- **Poner la evaluación al servicio de las personas implicadas en la acción didáctica.**

Entender la evaluación como medio al servicio de las personas nos lleva a buscar alternativas para la mejora en la práctica docente y caminos para el progreso personal de los niños en su proceso de emancipación.

- **Conceder, en la evaluación del alumno, importancia a éste desde una perspectiva holística.**

Los procesos pedagógicos afectan a cada persona en la unidad de su ser. Y por lo tanto, la evaluación ha de atender a los aspectos cognitivo, motriz, afectivo y social, entendiéndolos como partes de un todo coherente y teniendo en cuenta que toda actividad motriz suscita la implicación de todos ellos.

- **Realizar la evaluación del alumno desde la referencia al criterio.**

La singularidad personal es una de las piedras angulares en todo proceso didáctico emprendido en contextos rurales. Por ello y por la ineludible necesidad de cimentar, en la evaluación, los procesos de desarrollo y mejora en cada alumno, es condición ineludible que, frente a la tendencia a ubicar al alumno con referencia a la norma, la evaluación sea asumida siempre desde una óptica criterial.

- **Interrelacionar la evaluación del alumno con la del maestro y con la del propio proceso.**

La consideración de la evaluación como un puzzle en el que maestros, alumnos y el propio proceso educativo constituyen piezas interdependientes en el camino para proveer elementos de mejora es un aspecto clave si partimos de la consideración de que todos formamos parte del mismo entramado pedagógico y compartimos también finalidades educativas.

- **Adoptar una perspectiva crítica en el proceso de análisis de cuanto acontece en clase.**

El análisis y valoración crítica de lo programado y lo sucedido en clase nos permite reafirmarnos en lo que ya hay de positivo dentro de lo programado y lo sucedido en clase y permite, por otro lado, introducir elementos de mejora cuando se considera necesario.

- **Mantener, desde la labor docente, una posición ética en relación con la evaluación.**

La evaluación ha de ser ante todo una práctica ética, vinculada al mismo esquema axiológico que pretendemos promover desde clase. Y esto la sitúa en el camino hacia la libertad, la responsabilidad, la tolerancia, la cooperación, la práctica solidaria... Y la aleja de cualquier alternativa tendente a mantener una estructura de poder en la que el maestro utiliza la calificación como forma de ejercer un control coercitivo sobre los alumnos.

- **Promover la participación de los alumnos en el proceso de evaluación.**

  Los alumnos pueden aportar una información muy valiosa en el proceso de evaluación. Pero además, su implicación en dicho proceso contribuye en su camino hacia la emancipación y lleva implícita, por otro lado, una forma de entender la educación especialmente sensible a cuestiones de naturaleza ética en los aspectos ligados a la participación responsable y la educación en la libertad.

- **Ser partícipes activos desde la actuación cooperativa entre alumnos y maestros, con fines compartidos.**

  El principio previo a éste puede quedar desposeído de parte de sus sentido si la participación de los alumnos en el proceso de evaluación no es entendida, en coherencia con una concepción de la evaluación en particular y la educación en general, como tarea compartida desde una óptica cooperativa, en la que se pretenden lograr fines también compartidos, ligados al progreso de cada alumno y del grupo en cuanto tal.

  En relación con los instrumentos de evaluación recogemos aquí fichas orientadas hacia:

- El **seguimiento de las sesiones.** Se trata de perfilar un instrumento que recoja, desde el día a día, lo programado para cada sesión, lo sucedido en ella y la valoración de lo acontecido a partir de la observación e interpretación que deriva del diálogo y de la evaluación compartida con los alumnos en torno al proceso. Finalmente puede recoger un avance de previsión para la sesión siguiente. Este documento posee, en consecuencia, una orientación procesual y eminentemente formativa.

- La **valoración de cada unidad didáctica y la autoevaluación por parte del maestro.** En dicho documento puede verse recogido un análisis retrospectivo relativo a la adecuación de objetivos, contenidos y criterios de evaluación, al grado de consecución de los objetivos, y a la adecuación de la línea metodológica, de la secuencia de propuestas motrices y de los instrumentos y procedimientos de evaluación. También puede resultar especialmente relevante una síntesis de los aspectos a mantener y de aquellos que son susceptibles de mejora en la actuación del maestro, desde su propia óptica. Su carácter puede hacer converger un elemento sumativo en relación con la propia unidad y otro de naturaleza formativa en relación con subsiguientes unidades de programación.

- La **evaluación del alumno bien por parte del maestro, bien desde el diálogo compartido con cada alumno**. Es tarea ineludible partir de un documento que sirva para analizar, durante el proceso y al final de éste, los progresos experimentados por cada alumno en relación con las capacidades de naturaleza, cognitiva, motriz, afectiva y social. En este sentido creemos fundamental que las anotaciones recogidas en él estén singularmente vinculadas con la unidad didáctica desde una perspectiva sensible a las propias percepciones que sobre su progreso posee el alumno, lo que permitirá avanzar hacia una evaluación compartida. Es sin duda ésta la tarea más compleja de todas las abordadas por el maestro en torno a la evaluación. También aquí convergen el carácter formativo (tanto durante el proceso presente como con vistas a ulteriores procesos educativos) con el sumativo. Y puede orientar en el continuo proceso de toma de decisiones.

FICHA DE SEGUIMIENTO DE LAS SESIONES

Unidad didáctica:	Grupo:
Curso académico:	Periodo:

Sesión:

Sobre lo programado:

Sobre lo sucedido:

Valoración:

Previsiones para la próxima sesión:

FICHA DE VALORACIÓN DE LA ACTIVIDAD Y DE AUTOEVALUACIÓN POR PARTE DEL MAESTRO/A

Unidad didáctica:　　　　　　　　　　　Grupo:

Curso académico:　　　　　　　　　　　Periodo:

ASPECTOS A EVALUAR		COMENTARIO
1. Adecuación de objetivos, contenidos y criterios de evaluación.		
2. Grado de consecución de los objetivos planteados.		
3. Adecuación de la línea metodológica.		
4. Adecuación de los instrumentos y procedimiento de evaluación.		
5. Adecuación de la secuencia de las propuestas motrices.		
6. Aspectos más destacados a mantener en el cuento motor.		
7. Puntos débiles y propuestas de mejora.		
9. Aspectos a mantener en la actuación docente.		
10. Aspectos a modificar en la actuación docente.		

ESCALA DE VALORACIÓN.

A = Adecuado, satisfactorio.

B = Bastante adecuado, bastante satisfactorio.

C = Poco adecuado, poco satisfactorio.

D = Inadecuada, insatisfactorio.

EVALUACIÓN DEL ALUMNO

FICHA DE EVALUACIÓN DEL ALUMNO.
Linsay y el bosque de bambú

Nombre y apellidos:

Grupo:

ASPECTOS A EVALUAR	COMENTARIOS DURANTE EL PROCESO	AL FINAL DEL PROCESO
Se implica en el cuento motor desde la alegría, el sentido lúdico el bienestar personal y la convivencia constructiva.		
Experimenta posturas variadas en situaciones estáticas y dinámicas, controlando el tono postural y la acción de los segmentos corporales.		
Participa en situaciones de equilibrio estático y dinámico.		
Explora situaciones motrices, ajustando la orientación en el espacio y/o en el tiempo y en relación con el espacio/tiempo.		
Implica la coordinación global y segmentaria en el desarrollo de diferentes acciones motrices.		
Explora las posibilidades comunicativas del propio cuerpo desde la espontaneidad y la creatividad en el movimiento expresivo.		
Participa en actividades lúdicas variadas en cuanto a su lógica interna, adecuando los aspectos relacionados con la toma de decisiones, a cada situación, y ac-		

tuando desde el respeto al marco normativo.		
Acepta y valora la propia realidad corporal y actúa en el cuento motor desde la confianza en sí mismo, la autonomía, la autoestima y el espíritu de autosuperación.		
Considera a cada compañero como una persona importante y valiosa.		
Participa en el contexto cooperativo que crea el cuento, valorándolo como forma de relación y como medio para el progreso individual y colectivo y el bienestar personal y grupal.		
Se implica en el cuento motor desde actitudes de colaboración, tolerancia, no discriminación y resolución dialógica y pacífica de conflictos dentro de las situaciones ludomotrices.		

ESCALA DE VALORACIÓN.

A = Adecuado, satisfactorio.
B = Bastante adecuado, bastante satisfactorio.
C = Poco adecuado, poco satisfactorio.
D = Inadecuada, insatisfactorio.

7. A MODO DE CONCLUSIÓN

El andamiaje de nuestra área curricular en los nuevos tiempos, ha de seguir nutriéndose de la dialéctica entre perpetuación y cambio, incorporando tanto elementos que perduran en el transcurrir de los años, porque está justificada su permanencia desde una perspectiva genuinamente educativa, como otros que poseen un carácter innovador.

El cuento motor, el cuento para explorar, para jugar, para construir, para convivir, para crear, dentro de la educación psicomotriz y la educación física escolar, es fruto de esta convergencia entre el cuento, un recurso que ha resultado de especial valía en el campo educativo general -especialmente aunque no de forma exclusiva en la infancia más temprana- y su incipiente utilización dentro de nuestra área como medio que contribuye a crear un espacio para el desarrollo integral de cada alumno, desde la corporeidad y la motricidad. Y puede, por otro lado, convertirse –como lo ha hecho ya desde la experiencia de muchas escuelas- en la base de un constructo en el que la educación física mantiene cimientos construidos durante décadas y los hace compatibles con un papel innovador y una perspectiva humanística.

Esta perspectiva nos remite a un modelo de educación en el que cada maestro construye el currículo. Se trata de romper con la idea de que los objetos de aprendizaje, las opciones metodológicas y la definición de actividades responden a lo dictado por los expertos mientras los docentes se convierten en meros transmisores de un currículo definido por otros, sin tener en cuenta las singularidades que mantiene el contexto en el que dicho currículo se pone en práctica.

Como hemos reiterado, es ésta perspectiva, que convierte al maestro en el artesano que con su cincel va dando forma al currículo, la que pretendemos promover desde este cuento. Invitamos a que cada docente se apropie de él, en colaboración con los niños y niñas con los que comparte las clases, y a que explore, a partir de aquí, nuevas ideas singularmente conectadas con el marco en el que desarrolla su tarea educativa.

El cuento motor constituirá, de este modo, un espacio para la creación cooperativa, para la búsqueda de procesos educativos potencialmente enriquecedores, para alumbrar respuestas inéditas ante alumnos y grupos singulares.

Desde nuestra visión de la educación física el cuento motor, alcanza, de este modo, su auténtico significado.

Ésta es la ilusión que nos ha movido a la hora de compartir este proyecto.

REFERENCIAS BIBLIOGRÁFICAS

- ARAGONÉS, J. I. (1989). "Los grupos de iguales en la escuela" en Estructura y Procesos de Grupo (tomo II). Madrid: UNED.

- ASTRAÍN, C. (1999). "Una experiencia en torno a las cuerdas aplicada a un C.R.A.: Connotaciones de estas escuelas desde el prisma de un maestro itinerante de educación física". En V. M. López Pastor (coord.). La Educación Física en la Escuela Rural. Segovia: PASTOPAS – Librería Diagonal.

- BLÁNDEZ, J. (1995).La utilización del material y del espacio en educación física. Barcelona: INDE.

- CONTRERAS, O. (1998). Didáctica de la Educación Física. Un enfoque constructivista. Barcelona: INDE.

- DEVÍS, J. y PEIRÓ, C. (1997). Nuevas perspectivas curriculares en educación física: La salud y los juegos modificados. Barcelona: INDE.

- DEVÍS, J. (2003). "Educación física y salud. Revisión de la propuesta diez años después". En López pastor, V.; Monjas, R.; Fraile, A. Los últimos diez años de la educación física escolar. Valladolid: Universidad de Valladolid.

- FAMOSE, J.P. (1992): Aprendizaje motor y dificultad de la tarea. Ed. Paidotribo. Barcelona.

- FERNÁNDEZ-RÍO, J. Y VELÁZQUEZ, C. (2005). Desafíos físicos cooperativos. Sevilla: Wanceulen.

- FRAILE, A. (coord.), López Pastor, V. M., Ruiz Omeñaca, J. V., Velázquez Callado, C. (2008). La resolución de los conflictos en y a través de la educación física. Barcelona: Graó.

- GALA, A.; MARUGÁN, L., (2006). "Acrobacias en la escuela. Experiencia de su puesta en práctica en una escuela rural". En Actas del V Congreso Internacional de Actividades Físicas Cooperativas. Valladolid: La Peonza.

- GIMENO SACRISTÁN, J. (2008). Educar por competencias, ¿qué hay de nuevo? Madrid: Morata.

- HOFFMAN, M. L. (2002). Desarrollo moral y empatía. Implicaciones para la atención y la justicia. Barcelona: Idea Books.

- JANSENS, J. (2001). "La crianza de los niños y su desarrollo moral y prosocial". En W. V. HAAFTEN, T. WREN Y A. TELLINGS (comps.). Sensibilidades morales y educación. Vol II. El niño en edad escolar. Barcelona: Gedisa.

- KATZ, M. S., NODDINGS, N., STRIKE, K. A. (2002). Justicia y cuidado. En busca de una base ética común en educación. Barcelona: Idea Universitaria.

- LAGARDERA, F.; LAVEGA, P. (2003). Introducción a la praxiología motriz. Barcelona: Paidotribo.

- LEIGHTON, C. J. (1992). El desarrollo social en los niños pequeños. Barcelona: Gedisa.

- LÓPEZ PASTOR, V. M. (1999). Prácticas de Evaluación en Educación Física: Estudio de casos en primaria, secundaria y formación del profesorado. Valladolid: Universidad de Valladolid.

- LÓPEZ PASTOR, V. M. (2002). "Recursos, experiencias y posibilidades para el desarrollo de la educación física en la escuela rural". En Tándem, nº 9; pp. 72-90.

- LÓPEZ PASTOR, V. M.; MONJAS, R.; PÉREZ BRUNICARDI, D. (2003). Buscando alternativas a la forma de entender y practicar la Educación Física Escolar. Barcelona: INDE.

- MOSSTON, M.; ASHWORTH, S. (1993). La enseñanza de la educación física. La reforma de los estilos de enseñanza. Barcelona: Hispano-Europea.

- MOYLES, J. R. (1990). El juego en educación infantil y primaria. Madrid: M.E.C.-Morata.

- OMEÑACA R.; RUIZ OMEÑACA, J. V. (1999). Juegos cooperativos y educación física. Barcelona: Paidotribo. (ISBN 84-8019-308-5433-2).

- OMEÑACA, R.; PUYUELO, E.; RUIZ OMEÑACA, J. V. (2001). Explorar, jugar, cooperar. Barcelona: Paidotribo. (ISBN 84-8019-534-7).

- PEREZ SAMANIEGO, V.; SANCHEZ GOMEZ P. (2001 b). "El aprendizaje cooperativo en la educación física: Una propuesta basada en la comprensión afectiva y estratégica de los juegos cooperativos." En Actas del I Congreso Estatal de Actividades Físicas Cooperativas. Valladolid: La Peonza.

- PIAGET, J. (1972). Piaget, J. (1972). Psicología de la inteligencia. Buenos Aires: Psique.

- PUIG, J. M. (1991). "Comprensión crítica". En M. MARTÍNEZ; J. M: PUIG (coord.). La educación moral. Perspectivas de futuro y técnicas de trabajo. Barcelona: ICE-Graó.

- RAMOS, F.; RUIZ OMEÑACA, J. V. (2009). Educación física para centros bilingües. Sevilla: Wanceulen.

- RIGAL, R. (2006). Educación psicomotriz y educación motriz en preescolar y primaria. Barcelona: INDE.

- RUIZ OMEÑACA, J. V. (2004a). Pedagogía de los valores en la educación física. Madrid: C.C.S.

- RUIZ OMEÑACA, J. V. (2004b). "Las actividades físicas cooperativas: una oportunidad para ampliar el valor educativo de nuestra área curricular". En Tándem. Didáctica de la educación física; nº 14, pp. 33,43.

- RUIZ OMEÑACA, J. V. (2006). "Una experiencia de evaluación formativa en la escuela rural". En V. M. López Pastor (coord.). La Evaluación formativa en educación física. Revisión de

- modelos tradicionales y planteamiento de una alternativa: la evaluación formativa y compartida. Buenos Aires: Miño y Dávila.

- RUIZ OMEÑACA, J. V. (2008 a). Educación física para la escuela rural: singularidades, implicaciones y alternativas en la práctica pedagógica. Barcelona: INDE.

- RUIZ OMEÑACA, J. V. (2008 b). "El juego motor cooperativo ¿Un buen contexto para la enseñanza?... Cuando la educación física nos hace más humanos". En Educación Física y Deporte. Universidad de Antioquia. Medellín (Colombia). Volumen 27-1- pp. 97-112.

- RUIZ OMEÑACA, J. V. (2008 c). "Educación física, valores éticos y resolución de conflictos: reflexiones y propuestas de acción" En A. Fraile (coord.). La resolución de conflictos en y a través de la educación física. Barcelona: Graó.

- RUIZ OMEÑACA, J. V. (2009). Cuentos motores cooperativos para educación primaria. Ljsalfar y los Niños del Viento. Barcelona: INDE.

- SHERIF, M. (1966). I common predicament social psychology of intergroup conflict and cooperation. Boston: Houghton.

- TAJFEL, H. (1974). "La categorización social" en M. Moscovivi. Introducción a la psicología social. Barcelona: Planeta.

- TINNING, R. (1992). Educación física: La escuela y sus profesores. Valencia: Servicio de Publicaciones de la Universidad de Valencia.

- VAQUERO, F. Y VELÁZQUEZ, C. (2004). "Desafíos físicos cooperativos en gran grupo. El reto como motivación". En Actas del IV Congreso Estatal y II Iberoamericano de Actividades Físicas Cooperativas. Valladolid: La Peonza.

- VELÁZQUEZ, C. (2003). "Desafíos cooperativos". En Actas del III Congreso Estatal y Primero Iberoamericano de Actividades Físicas Cooperativas".

- VELÁZQUEZ, C. (2004). Las actividades físicas cooperativas. Méjico D.F.: SEP.

- VELÁZQUEZ, C. (2006). Educación física para la paz. Buenos Aires: Miño y Dávila.

- ZABALA, M. A. (2004). Diseño y desarrollo del currículum. Madrid: Narcea. Novena edición.

www.ingramcontent.com/pod-product-compliance
Lightning Source LLC
Chambersburg PA
CBHW070921180426
43192CB00038B/2104